新标准高等职业教育韩语专业系列规划教材

U0107964

基础 韩国语

练习册

기초 한국어 2 연습장

总主编：申延子

主　编：申延子　王　洋

副主编：金海燕　张　涛　张慧婧

 大连理工大学出版社

图书在版编目（CIP）数据

基础韩国语2练习册 / 申延子，王洋主编. -- 大连：
大连理工大学出版社，2024.4
新标准高等职业教育韩语专业系列规划教材
ISBN 978-7-5685-4498-6

Ⅰ.①基… Ⅱ.①申…②王… Ⅲ.①朝鲜语—高等
职业教育—习题集 Ⅳ.①H55-44

中国国家版本馆CIP数据核字（2023）第113915号

大连理工大学出版社出版
地址：大连市软件园路80号　　　邮政编码：116023
发行：0411-84708842　邮购：0411-84706041　传真：0411-84701466
E mail：dutp@dutp.cn　　　　　　URL：https://www.dutp.cn
大连雪莲彩印有限公司印刷　　　　大连理工大学出版社发行

幅面尺寸：185mm×260mm　　　印张：9.5　　　字数：217千字
2024年4月第1版　　　　　　　　2024年4月第1次印刷

责任编辑：庄晓红　　　　　　　　　　　责任校对：王赫男
　　　　　　　封面设计：张　莹

ISBN 978-7-5685-4498-6　　　　　　　定价：45.00元

总 序

    中韩两国合作发展进入新的时期，两国在合作重点、热点领域也随着新经济、新技术的发展产生变化。懂韩语，熟悉一个工作领域的高素质技术技能型人才是支撑两国经贸合作的重要力量。高等职业院校应用韩语专业承载着培养商务服务、跨境电商、旅游服务等领域的韩语技术技能型人才的重任，如何将韩语学习与职业应用结合，如何开阔学生的国际视野，如何融通中韩文化是高职韩语教学改革的关键。为了构建适合高职应用韩语专业学生职业成长规律和韩语学习习得规律的课程体系，在教学内容的选取上，与工作内容对接；在课程教学模式的创新上，通过教材建设这一重要载体落实与实施。目前我国在高职韩语教材建设上取得一定的成就，在教材数量、种类上比较丰富，适合高职韩语专业教学使用，但是教材成果在系统性、教育性和实践应用性方面还存在一些不足，尤其是在韩语语言层级递进、职业实践应用、课程思政融入等方面需要进一步完善，从而有效解决基础韩语教材、韩语综合应用教材和职业韩语教材的关系连接和内容衔接，充分体现高职韩语听说领先、重在应用的学用结合的教学理念。

    高职韩语立体化系列教材建设是解决高职应用韩语专业人才培养语言学习与实际应用不对接问题的重要载体，通过构建韩语入门、韩语提升和职业应用三阶递进的教材体系，每部教材根据教学内容有机融入课程思政，每个教学任务体现教学练用一体的教学模式，融入信息技术，实现教材有声学习、随时学习测试等功能。

    高职韩语立体化系列教材由教育部职业院校外语类专业教学指导委员会原韩语分委会与大连理工大学出版社联合组织全国高等职业教育双高校、示范校、骨干校等20多所院校共同编写，集合了全国高职韩语优秀的教师队伍，其中国家精品课、国家教学资源库备选库、教指委精品课、省级精品在线开放课程的负责人作为每类韩语教材的牵头人，吸纳行业、企业专家参与职业韩语教材的开发。这次立体化教材的建设集合了全国高职院校韩语专业优势资源，强强联合，共同为高职韩语学生专业学习提供优质的教学资源。相信高职韩语立体化系列教材代表着最新韩语教学改革成果，必将为提高高职应用韩语专业人才培养质量发挥积极的推动作用。

申延子

2021 年 9 月

前　言

　　《基础韩国语》套系（1–4册）作为首批唯一入选"十四五"职业教育国家规划教材的韩语教材，承载着深入贯彻教育部高等职业教育改革精神，全面落实立德树人根本任务，以教材为载体促进专业教育教学改革，持续提升专业人才培养质量的时代重任。为更好地发挥优质教材的示范引领作用，积极推进党的"二十大"精神进教材、进课堂、进头脑，进一步丰富职业教育新形态、数字化教材配套资源，《基础韩国语》编写团队联合开发同系列的配套练习册，有效地服务全国各类院校师生和社会韩国语爱好者，满足广大学习者的学习需求。

　　本配套练习册在设计和编写方面，基于《基础韩国语2》教材内容，习题围绕每课必须掌握的词汇、语法、翻译、阅读、语用及文化知识，通过设计难易适度的多样练习形式，强化学生课后自主学习能力培养，着力提升学生语言运用能力。

　　同时，通过配套练习册，教师备课时不必单独准备练习题，也无须额外布置课堂作业内容，学生翻开练习册即可书写，同步提高教学效果和复习效率。在教学和应用过程中，有助于形成教师和学生爱用、乐用和善用教材和练习册的高效育人习惯。

　　本练习册由8个单元共24课，以及8个单元相对应的主题训练组成。每课包含课堂练习、课后练习和提高练习三部分。

　　➤　**课堂练习**：分为两个题型，针对教材每课当中的核心词汇进行巩固练习，还对每课的篇章主题进行提问式问答练习，对标TOPIK韩国语能力考试（初级）词汇部分的难度和考核形式。

　　➤　**课后练习**：分为三个题型六个项目。通过主题词汇练习、语法练习、翻译练习对教材当中的重点内容进行巩固练习和考核。

➢ **提高练习**：通过阅读理解的形式对整课主题内容进行综合训练和提升，同样对标TOPIK韩国语能力考试（初级）的阅读题型。

《基础韩国语2练习册》由长春职业技术学院申延子和王洋任主编，负责全书的策划、组织和统稿工作。申延子负责1～3、7～8单元中单元练习的编写。王洋负责1～3单元中课堂练习、课后练习和提高练习的编写。延边职业技术学院金海燕、山西旅游职业学院张涛、长春职业技术学院张慧婧任副主编。金海燕负责4～5单元内容的编写；张涛负责2单元和6单元内容的编写；张慧婧负责7～8单元中课堂练习、课后练习和提高练习的编写。

本练习册适合高等职业院校应用韩语专业学生使用，同时也适合其他专业第二外语学生以及广大韩国语爱好者与《基础韩国语》套系教材搭配学习使用。由于时间仓促和编者水平有限，书中难免存在纰漏之处，真诚地希望国内外韩国语教育界的同仁和专家批评指正，以便再次修订时进一步完善。

最后，感谢所有参与本练习册编写的同人，感谢大连理工大学出版社编辑的辛苦付出。

编者
2024年1月

所有意见和建议请发往：dutpwy@163.com

欢迎访问外语教育服务平台：https://www.dutp.cn/fle/

联系电话：0411-84707604　84706231

目 录

주제1 사랑해요,중국!

1-1 중국에서 사는 게 어때요?　　　　　　　　　　　　　　　　　　 *1*

1-2 중국인으로서 정말 자랑스러워요.　　　　　　　　　　　　　　　 *6*

1-3 중국, 사랑합니다.　　　　　　　　　　　　　　　　　　　　　　 *11*

주제1 단원연습　　　　　　　　　　　　　　　　　　　　　　　　　 *16*

주제2 저랑 친구할래요?

2-1 나중에 기회가 되면 같이 식사합시다.　　　　　　　　　　　　　 *19*

2-2 제가 친구에게 생일 선물을 사 주려고 해요.　　　　　　　　　　 *23*

2-3 이런 친구를 다시 찾기가 어렵습니다.　　　　　　　　　　　　　 *27*

주제2 단원연습　　　　　　　　　　　　　　　　　　　　　　　　　 *31*

주제3 아름다운 세상을 만듭시다.

3-1 내가 도와 줄게. 34

3-2 선생님, 감사해요. 39

3-3 세상에 제일 아름다운 것 45

주제3 단원연습 50

주제4 자기 전에 핸드폰을 하지 마세요.

4-1 자기 전에 핸드폰을 하면 안 돼요. 53

4-2 아무리 바빠도 식사는 제때에 합시다. 58

4-3 규칙적인 생활 습관 63

주제4 단원연습 68

주제5 고생 끝에 낙이 온다.

5-1 낙심하지 마. 다음 시험을 잘 보면 돼. 71

5-2 축구하다가 넘어지는 건 정상이야. 76

5-3 실패는 성공의 어머니! 81

주제5 단원연습 86

주제6 나도 할 수 있어요.

6-1 아르바이트를 해 보면 재미있어요.   89

6-2 같이 봉사활동 할래요?   94

6-3 청년들, 너무 멋져!   98

주제6 단원연습   102

주제7 밝은 미래를 위하여 미리 계획을 세우자.

7-1 시험 기간이 되면 도서관에 자리가 없어요.   105

7-2 졸업한 후에 진학할지 취직할지 고민중이야.   110

7-3 인생에서 꼭 해야 하는 일   115

주제7 단원연습   120

주제8 보람 있는 삶

8-1 요즘 경극을 배우느라고 되게 바빠요.   123

8-2 꿈이 뭐예요?   127

8-3 10년 후에 나의 모습   132

주제8 단원연습   137

1-1

> 课堂练习

1. 알맞은 단어를 골라 빈칸을 채우십시오. (请选择适合的单词填空。)

(1) 내가 한국어를 공부한 지 (   ) 3개월이 되었어요.

  ① 아주   ② 아직   ③ 벌써   ④ 너무

(2) 나는 과일 중에서 (   ) 사과를 좋아합니다.

  ① 많이   ② 특히   ③ 자주   ④ 모두

(3) 학생들이 중국 문화에 (   )이 많습니다.

  ① 경치   ② 역사   ③ 조심   ④ 관심

(4) 내일 여행에 준비물을 (   ).

  ① 챙겼습니다   ② 가졌습니다   ③ 주었습니다   ④ 받았습니다

(5) (   )에 시간이 나면 우리 집에 자주 놀러 오십시오.

  ① 매일   ② 나중   ③ 조금   ④ 매우

2. 본문을 읽고 다음 질문을 답하십시오. (请阅读原文回答下列问题。)

(1) 시은 씨가 중국에 유학 온 지 얼마나 됐습니까?

  _____.

(2) 시은 씨가 왜 중국으로 유학 왔습니까?

  _____.

(3) 시은 씨가 언제부터 중국 문화를 좋아하게 되었습니까?

  _____.

(4) 시은 씨는 왜 중국에서 사는 게 좋습니까?

  _____.

(5) 시은 씨가 어떤 취미가 있습니까?

  _____.

> 课后练习

1. 그림을 보고 알맞은 단어를 골라 다음 표를 완성하십시오. (请看图选择正确的单词完成下表。)

┈┈
한복   만리장성   태극권   다도   경극   판다   원숭이   도자기
┈┈

2. 다음 글을 읽고 '-ㄴ/은 지'를 사용하여 [보기]와 같이 질문과 대답을 하십시오. (请阅读下文，用语法"-ㄴ/은 지"仿照例句进行问答。)

> 저는 미나입니다.
> 지금은 2022년 4월입니다.
> 저는 1997년에 태어났습니다.
> 2013년에 중국에 왔습니다.
> 2015년에 대학교에 입학했습니다.
> 2019년에 대학교를 졸업하고 중국 회사에 취직했습니다.
> 날마다 열심히 일해서 2021년에 과장이 됐습니다.
> 저는 중국에서 사는 게 아주 행복합니다.

(1) 가: _____?

　　나: _____.

(2) 가: _____?

　　나: _____.

(3) 가: _____?

　　나: _____.

(4) 가: _____?

　　나: _____.

3. [보기]와 같이 '-게 되다'를 사용하여 다음 문장을 바꿔 보십시오. （请用语法 "-게 되다" 仿照例句改写下列句子。）

(1) 작년부터 무역 회사에서 일했습니다.

　　_____.

(2) 친구 생일 파티에 꼭 나가려고 했는데 갑자기 일이 생겨서 못 갔습니다.

　　_____.

(3) 함께 일해서 기뻤습니다.

　　_____.

(4) 태권도 동아리에서 여자친구를 만났습니다.

　　_____.

4. [보기]와 같이 '-기 시작하다'를 사용하여 다음 대화를 완성하십시오. （请仿照例句，用语法 "-기 시작하다" 完成下列对话。）

(1) 가: 언제부터 눈이 내렸어요?

　　나: _____.

(2) 가: 언제부터 피아노를 공부했어요?

　　나: _____.

(3) 가: 며칠부터 방학했습니까?

　　나: _____.

(4) 가: 언제부터 그 소설을 썼습니까?

　　나: _____.

5. [보기]와 같이 '-ㄹ/을 뿐만 아니라'를 사용하여 다음 문장을 완성하십시오. （请仿照例句，用语法 "-ㄹ/을 뿐만 아니라" 完成下列句子。）

> [보기] 우리 학교 도서관이 <u>넓을 뿐만 아니라</u> 아주 깨끗합니다. (넓다)

(1) 우리 언니는 _____ 마음씨도 착합니다. (예쁘다)

(2) 북경대학교는 중국에서 아주 유명한 대학_____ 세계적으로도 아주 인기가

　　많습니다. (이다)

(3) 왕단 씨는 한국 영화를 _____ 한국 드라마도 아주 좋아합니다. (좋아하다)

(4) _____ 열도 많이 나요. (콧물)

6. 다음 문장을 한국어로 번역하십시오. （请将下列句子翻译成韩国语。）

(1) 我学习韩国语已经半年了。

　　_____.

(2) 因为刻苦练习，我韩国语说得很好了。

　　_____.

(3) 我从高中开始就对韩国文化感兴趣。

　　_____.

(4) 我们学校不仅大，风景也很好。

　　_____.

➤ 提高练习

다음 글을 읽고 물음에 답하십시오. (阅读短文回答问题。)

> 지난 주말에 기숙사 친구와 한복을 사려고 시장에 갔습니다. 기숙사 친구는 한국 문화 동아리에 참가했습니다. 한 달 후에 한복 전시 행사가 있습니다. (ㄱ) 우리는 친구가 행사 때 입을 한복을 사려고 여기저기 돌아다녔습니다. 시장에는 한복을 구경하고 입어 보는 사람들이 많았습니다. 친구는 1시간 동안 한복을 입어 보고 제일 잘 어울리는 한복을 골랐습니다. 한복을 입은 친구는 정말 예뻤습니다. 한복을 산 후에 우리는 시장 구경을 하고 식당에서 저녁도 먹었습니다. 사람이 많아서 복잡했지만 여러 가지를 구경할 수 있어서 재미있었습니다.

(1) 이 사람은 지난 주말에 무엇을 했습니까?　　　　　　　　　　　　　(　　)

① 한복을 입어 보았습니다.

② 백화점에서 한복을 샀습니다.

③ 기숙사 친구와 한복을 사러 시장에 갔습니다.

④ 친구를 만나서 쇼핑을 했습니다.

(2) (ㄱ)에 들어갈 알맞은 말을 고르십시오.　　　　　　　　　　　　　(　　)

① 그리고　　　　　② 그래서　　　　　③ 그런데　　　　　④ 그러면

(3) 한복을 입은 친구가 어떻습니까?

_____.

(4) 두 사람이 어디에서 식사했습니까?

_____.

1-2

> 课堂练习

1. 알맞은 단어를 골라 빈칸을 채우십시오. (请选择适合的单词填空。)

(1) 누가 이번 임무를 (　　　　) 겁니까?

　　① 선호할　　　　　　② 수행할　　　　　　③ 선물할　　　　　④ 출발할

(2) 지하철을 이용하면 항상 빠르고 (　　　　　　).

　　① 따뜻합니다　　　② 답답합니다　　　③ 안전합니다　　④ 깨끗합니다

(3) 내 친구의 한국어 실력이 아주 (　　　　　).

　　① 통통합니다　　　② 어렵습니다　　　③ 다양합니다　　④ 대단합니다

(4) 방학 때 고향에 돌아가서 한 달 동안 (　　　　).

　　① 머물었습니다　　② 유학했습니다　　③ 예약했습니다　　④ 청소했습니다

(5) 저는 조국의 발전으로 아주 (　　　　　).

　　① 반갑습니다　　　② 자랑스럽습니다　　③ 아름답습니다　　④ 존경스럽습니다

2. 본문을 읽고 다음 질문을 답하십시오. (请阅读原文回答下列问题。)

(1)왕링이 씨가 무엇을 하고 있습니까?

　　_____.

(2)뉴스에서 뭐라고 했습니까?

　　_____.

(3)박시은 씨는 우주 비행사가 우주에서 일한 것을 압니까?

　　_____.

(4)중국에서 여성 우주 비행사가 우주에서 임무 수행한 적이 있습니까?

　　_____.

(5)왕링이 씨가 중국 사람으로서 어떻게 생각합니까?

　　_____.

> 课后练习

1. 다음 사람이 어떤 성격을 갖고 있는지 골라 쓰십시오. （请选出符合以下人物性格特征的单词。）

A: 용감하다   B: 성실하다   C: 활발하다   D: 근면하다   E: 침착하다

(1) 왕링이: '명랑하다' 와 같은 말입니다.   (   )

(2) 박시은: 부지런히 일합니다.   (   )

(3) 장치밍: 거짓말을 하지 않습니다.   (   )

(4) 유미나: 용기가 있습니다.   (   )

(5) 이철수: 급하지 않고 잘 생각해서 일합니다.   (   )

2. [보기]와 같이 '간접 인용'을 사용하여 다음 글을 바꾸십시오. （请用间接引语仿照例句，改写下列句子。）

링이 씨는 자주 여행을 다닙니다.
해외여행보다는 국내여행을 많이 했습니다.
여행한 곳 중에서는 제주도가 제일 좋습니다.
제주도는 바다가 아름답고 구경할 곳도 많습니다.
여행할 때 사진 찍는 것도 좋아합니다.

[보기] 링이 씨는 자주 여행을 다닙니다.
        링이 씨는 자주 여행을 다닌다고 합니다.

(1) 해외여행보다는 국내여행을 많이 했습니다.

   _____.

(2) 여행한 곳 중에서는 제주도가 제일 좋습니다.

   _____.

(3) 제주도는 바다가 아름답고 구경할 곳도 많습니다.

   _____.

(4) 여행할 때 사진 찍는 것도 좋아합니다.

   _____.

3. [보기]와 같이 '-ㄴ/은 적이 있다/없다'를 사용하여 다음 문장을 바꿔 보십시오.
(请用 "-ㄴ/은 적이 있다/없다" 仿照例句改写下列句子。)

> [보기] 저는 한국 김치를 먹다
> <u>저는 한국 김치를 먹은 적이 있습니다.</u>
> <u>저는 한국 김치를 먹은 적이 없습니다.</u>

(1) 저는 일본어를 배우다

   _____.

   _____.

(2) 이 노래를 듣다

   _____.

   _____.

(3) 한복을 입다

   _____.

   _____.

(4) 베이징에 여행가다

   _____.

   _____.

4. [보기]와 같이 '-면서/으면서'를 사용하여 다음 문장을 한 문장으로 연결하십시오.
(请用语法 "-면서/으면서" 仿照例句将下列句子连成一句话。)

> [보기] 공부합니다. / 음악을 듣습니다.
> <u>공부하면서 음악을 듣습니다.</u>

(1) 뉴스를 봅니다. / 밥을 먹습니다.

   _____.

(2) 그는 대학생입니다. / 가수입니다.

   _____.

(3) 그들은 이야기를 나눕니다. / 저녁을 준비합니다.

   _____.

(4) 그 아이가 웁니다. / 집으로 걸어갑니다.

_____ .

5. [보기]와 같이 '-로서/으로서'를 사용하여 다음 문장을 완성하십시오. （请用语法 "-로서/으로서" 仿照例句完成下列句子。）

> [보기] 교사로서 그런 말을 하면 안 됩니다. (교사)

(1) _____ 할 수 없는 일을 했어요. (경찰)

(2) _____ 환자에게 충고했어요. (의사)

(3) _____ 모든 사랑을 자식들에게 주었습니다. (부모)

(4) 우리는 _____ 해야 하는 일만 했어요. (대학생)

6. 다음 문장을 한국어로 번역하십시오. （请将下列句子翻译成韩国语。）

(1) 据说今天天气非常好。

_____ .

(2) 两年前, 我看过那部电影。

_____ .

(3) 不要边学习边看电视。

_____ .

(4) 作为学生应该努力学习。

_____ .

➤ **提高练习**

다음 글을 읽고 물음에 답하십시오. （阅读短文回答问题。）

> 베이징의 고궁은 중국 명나라와 청나라 두 왕조의 황실 궁전입니다. 자금성(紫禁城)이라고도 불렀습니다.
> 고궁은 1406년에 만들기 시작하여 1420년에 완성되었습니다. 현재 베이징의 중심

에 위치하고 있으며 중국 고대 시기에 궁전 건축물 중에서도 가장 뛰어난 대표성을 가지고 있습니다. 그 밖에 프랑스의 베르사유 궁전, 영국의 버킹엄 궁전, 미국의 백악관, 러시아의 크렘린 궁전과 더불어 '세계 5대 궁전'으로 불리고 있습니다.

베이징의 고궁은 중국의 자랑인 동시에 전 인류의 소중한 문화유산입니다.

(1) 베이징 고궁은 어느 시절의 황실 궁전입니까?

_____.

(2) 베이징 고궁을 무엇이라고 불렀습니까?

_____.

(3) 베이징 고궁은 언제부터 만들기 시작했습니까?

_____.

(4) '세계 5대 궁전'을 적어 보십시오.

_____.

> ## 课堂练习

1. 알맞은 단어를 골라 빈칸을 채우십시오. (请选择适合的单词填空。)

(1) 조국의 (   ) 역사와 문화를 자랑합니다.

　　① 발전한　　　　　② 유구한　　　　　③ 신속한　　　　　④ 특별한

(2) 그녀는 오늘 너무 예뻐서 모든 사람들의 (   )을 받았습니다.

　　① 자격　　　　　　② 주목　　　　　　③ 발전　　　　　　④ 동작

(3) 큰 소리로 내 이름을 (   )지 마.

　　① 피우　　　　　　② 외우　　　　　　③ 치　　　　　　　④ 외치

(4) 시합장에서 다른 팀을 (   )지 마세요.

　　① 얕보　　　　　　② 기다리　　　　　③ 끝내　　　　　　④ 가입하

(5) 오빠가 이번 시험에서도 (   ) 만점을 받았습니다.

　　① 자주　　　　　　② 아주　　　　　　③ 매우　　　　　　④ 역시

2. 본문을 읽고 다음 질문을 답하십시오. (请阅读原文回答下列问题。)

(1) 중국은 어떤 나라입니까?

　　_____.

(2) 중국은 무엇으로 외국인들의 주목을 받고 있습니까?

　　_____.

(3) 많은 중국 음식 중에서 제일 유명한 것은 무엇입니까?

　　_____.

(4) 외국 사람들이 중국 명소를 좋아합니까?

　　_____.

(5) 중국의 발전을 대표하는 성과를 두 가지 적어 보세요.

　　_____.

> 课后练习

1. 그림을 보고 알맞은 단어를 골라 다음 표를 완성하십시오. (请看图选择正确的单词完成下表。)

| 경복궁 | 서안 병마용 | 창장 싼샤 | 제주도 |
| 부산 해운대 | 쓰촨 주자이거우 | 티베트 포탈라궁 | 서울 타워 |

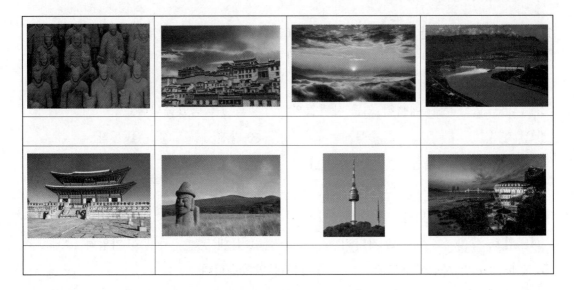

2. [보기]와 같이 '-로/으로'를 사용하여 다음 대화를 완성하십시오. (请用 "-로/으로" 仿照例句完成下列对话。)

> [보기] 가: <u>무슨 이유로</u> 그런 말을 했어요? (무슨 이유)
> 나: 너무 화가 나서 그랬어요.

(1) 가: 기숙사 생활이 어때요?

　　나: ＿＿＿＿＿＿＿＿ 너무 편하고 행복해요. (기숙사 친구)

(2) 가: ＿＿＿＿＿＿＿＿ 오셨어요? (무슨 일)

　　나: 그냥 보고 싶어서 왔지.

(3) 가: 미나 씨가 왜 학교에 안 왔어요?

　　나: ＿＿＿＿＿＿＿＿ 병원에 갔다고 했어요. (독감)

(4) 가: 두 사람이 왜 싸웠어요?

　　나: 뭐 특별한 일도 아니고 ＿＿＿＿＿＿＿＿ 싸웠어요. (집안일)

3. [보기]와 같이 '-기도 하고 -기도 하다'와 주어진 어휘로 다음 문장을 완성하십시오.
（请用 "-기도 하고 -기도 하다" 仿照例句完成下列句子。）

> [보기] 따뜻하다 / 편하다
>
> 오늘 날씨가 <u>따뜻하기도 하고 편하기도 합니다</u>.

(1) 사 먹다 / 만들어 먹다

매일 _____.

(2) 중국의 수도 / 정치 중심지

베이징은 _____.

(3) 책 읽다 / 낮잠 자다

주말에 집에서 _____.

(4) 사장 / 친구

그는 나의 _____.

4. [보기]와 같이 '같은'을 사용하여 다음 대화를 완성하십시오. （请用 "같은" 仿照例句完成下列对话。）

> [보기] 가: 무슨 운동을 좋아해요? (축구, 농구)
>
> 나: <u>저는 축구나 농구 같은 운동을 좋아해요</u>.

(1) 가: 어떤 한국 음식을 잘 먹어요? (불고기, 냉면)

나: _____

(2) 가: 어떤 영화에 관심이 많아요? (공상과학 영화, 액션 영화)

나: _____

(3) 가: 무슨 과일을 좋아해요? (포도, 오렌지)

나: _____

(4) 가: 어떤 한국 예술에 관심이 많아요? (탈춤, 사물놀이)

나: _____

5. [보기]와 같이 '-든지/이든지'와 주어진 어휘를 사용하여 다음 문장을 완성하십시오.
（请用 "-든지/이든지" 仿照例句完成下列句子。）

> 어디   누구   무엇   얼마

> [보기] 내가 필요할 때 <u>언제든지</u> 찾아오세요.

(1) _____ 같이 가고 싶어요.

(2) 친구 생일이면 _____ 선물 줘야 돼.

(3) 친구는 도움이 필요할 때 _____ 도와 줘야지.

(4) _____ 한 명 나의 사무실에 와.

6. 다음 문장을 한국어로 번역하십시오. （请将下列句子翻译成韩国语。）

(1) 因为交通事故，我没能参加会议。

_____.

(2) 我和朋友既吃了饭，又看了电影。

_____.

(3) 我喜欢看小说、漫画之类的书。

_____.

(4) 无论哪里都想去。

_____.

다음 문장을 읽고 물음에 답하십시오. (阅读短文回答问题。)

> 서울은 한국의 수도로 정치, 경제, 문화 등 모든 분야에서 중심 역할을 하고 있습니다. 북한산, 도봉산, 관악산 등이 주위에 있고 또 한강이 있기 때문에 상당히 좋은 위치를 가지고 있습니다. 여러 가지 이름이 있었고 긴 역사를 가지고 있지만, '서울'의 이름은 1945년부터 쓰기 시작했고 1946년에 서울 특별시로 되었습니다.
>
> 그리고 1988년 이후로 서울이 유명해지기 시작해서 서울을 찾는 관광객이 점점 많아지고 있습니다. 남대문, 경복궁, 서울 타워, 인사동, 올림픽 공원 등 유명한 곳이 많이 있습니다. 인구가 많기 때문에 주택 문제, 교통 문제, 환경 문제 등 여러 가지 문제가 있습니다.

(1) 한국의 수도는 어디입니까?

　　_____.

(2) 한국의 수도는 어떤 위치를 가지고 있습니까?

　　_____.

(3) 언제부터 서울에 가는 관광객이 많아집니까?

　　_____.

(4) 서울은 어떤 문제가 있습니까?

　　_____.

주제1 사랑해요, 중국!
단원연습

1. 알맞은 단어를 골라 빈칸에 쓰십시오. (请选择正确的单词填入括号内。)

> 벌써   특히   감동적   관련   역시   신속하다

(1) 우리가 서로 알고 지낸 지 (   ) 십 년이 넘었어요.

(2) 이 문제는 (   ) 해결하기가 어렵습니다.

(3) 그 영화가 너무 (   )이어서 모든 사람들이 눈물을 흘렸어요.

(4) 교통 경찰이 사고 (   ) 상황에 질문하고 있습니다.

(5) 왕단 씨가 이번 시험에서도 (   ) 일등을 했습니다.

(6) 중국 경제의 (   ) 발전으로 많은 사람들은 부유해졌습니다.

2. 다음 질문에 알맞은 답을 고르십시오. (请根据提问选择正确的回答。)

(1) 대부분 한국 사람들이 무슨 동물을 좋아합니까? (   )

　① 원숭이　　　　② 호랑이　　　　③ 토끼　　　　④ 판다

(2) 중국의 명승지는 어느 것입니까? (   )

　① 설악신　　　　② 서울　　　　③ 만리장성　　　　④ 경복궁

(3) 중국에서 사는 게 편리하고 (   ) ㅂ니다/습니다.

　① 안전하다　　　　② 대단하다　　　　③ 존경스럽다　　　　④ 자랑스럽다

(4) '착하다'와 같은 의미 있는 단어는 어느 것입니까? (   )

　① 겸손하다　　　　② 총명하다　　　　③ 성실하다　　　　④ 선량하다

(5) '침착하다'의 반대말은 어느 것입니까? (   )

　① 냉정하다　　　　② 활발하다　　　　③ 용감하다　　　　④ 근면하다

(6) 다음 명소는 어느 것이 중국에 속합니까? (   )

　① 제주도　　　　② 항저우 시후　　　　③ 해운대　　　　④ 서울 타워

3. [보기]와 같이 다음 대화를 완성하십시오. (请仿照例句完成下列对话。)

> [보기] 가: 언제부터 중국어를 좋아했어요?
>
> 　　나: 고등학교부터 <u>중국어를 좋아하기 시작했어요</u>. (-기 시작하다)

(1) 가: 미나 씨, 중국에서 산 지 얼마나 됐어요?

　　나: ＿＿＿＿＿＿＿＿＿＿＿ 1년이 넘었어요. (-ㄴ/은 지)

(2) 가: 언제부터 한국 음식을 좋아하게 되었어요?

　　나: 2년 전부터 ＿＿＿＿＿＿＿＿＿＿＿. (-게 되다)

(3) 가: 한국 비빔밥이 어때요?

　　나: 맛있＿＿＿＿＿＿＿＿＿＿ 색깔도 예뻐요. (-ㄹ/을 뿐만 아니라)

(4) 가: 언제부터 머리가 아팠습니까?

　　나: 어제 밤부터 ＿＿＿＿＿＿＿＿＿＿＿. (-기 시작하다)

(5) 가: 왕단 씨가 왜 친구 생일 파티에 참가하지 않았어요?

　　나: ＿＿＿＿＿＿＿＿＿＿ 친구 생일 파티에 참가하지 못했어요. (-로/으로)

(6) 가: 왕단 씨, 무슨 과일을 좋아해요?

　　나: ＿＿＿＿＿＿＿＿＿＿ 과일을 다 좋아해요. (같은)

4. [보기]와 같이 다음 문장을 바꾸십시오. (请仿照例句改写下列句子。)

> [보기] 방금 언니가 왔습니다.
>
> 　　<u>방금 언니가 왔다고 합니다</u>. (간접 인용)

(1) 미나 씨가 주말마다 백화점에 가서 쇼핑합니다.

＿＿＿＿＿＿＿＿＿＿＿＿＿＿＿＿＿＿＿＿＿. (간접 인용)

(2) 누나가 한국에서 3년 동안 일했습니다.

＿＿＿＿＿＿＿＿＿＿＿＿＿＿＿＿＿＿＿＿＿. (-ㄴ/은 적이 있다)

(3) 숙제를 합니다. 음악을 듣습니다.

＿＿＿＿＿＿＿＿＿＿＿＿＿＿＿＿＿＿＿＿＿. (-면서/으면서)

(4) 저는 중국 사람입니다. 중국 발전이 자랑스럽습니다.

＿＿＿＿＿＿＿＿＿＿＿＿＿＿＿＿＿＿＿＿＿. (-로서/으로서)

(5) 우리 오빠가 공부를 잘 합니다. 운동도 잘 합니다.

＿＿＿＿＿＿＿＿＿＿＿＿＿＿＿＿＿＿＿＿＿＿＿＿＿. (-기도 하고 -기도 하다)

(6) 누구입니까? 도서관에서 큰 소리로 이야기할 수 없습니다.

＿＿＿＿＿＿＿＿＿＿＿＿＿＿＿＿＿＿＿＿＿＿＿. (-든지/이든지)

5. 다음 글을 읽고 물음에 답하십시오. (阅读短文回答问题。)

시간이 있을 때 태산에 꼭 가고 싶습니다. 태산은 중국에서 제일 높은 산이 아니지만 아주 웅장하다고 합니다. (ㄱ) 해마다 많은 사람들이 태산을 찾아 간다고 합니다. 새벽에 등산하든지 아니면 저녁에 등산하는 것도 좋다고 합니다. 관광객이 너무 많아서 어떤 때는 표도 사지 못한다고 합니다. 가기 전에 꼭 일찍 표를 예매해야 한다고 합니다. 그리고 태산 해돋이를 보는 것도 아주 유명하다고 합니다. 주로 대학생들이 많이 한다고 합니다. 숙박료도 절약되고 해돋이도 볼 수 있기 때문입니다. 저도 지난 방학 때 친구와 같이 가려고 했는데 아버지께서 편찮으셔서 못 갔습니다. 이번 여름 방학 때 꼭 갈 겁니다.

(1) 이 사람은 시간이 있으면 어디에 가려고 합니까? (　　　)

　① 중국

　② 한국

　③ 태산

　④ 한라산

(2) (ㄱ)에 들어갈 알맞은 말을 고르십시오. (　　　)

　① 그리고　　　　② 그래서　　　　③ 그러면　　　　④ 그래도

(3) 태산에 가면 언제든지 표를 살 수 있습니까?

＿＿＿＿＿＿＿＿＿＿＿＿＿＿＿＿＿＿＿＿＿＿＿.

(4) 대학생들이 왜 태산 해돋이를 보기 좋아합니까?

＿＿＿＿＿＿＿＿＿＿＿＿＿＿＿＿＿＿＿＿＿＿＿.

(5) 이 사람은 태산에 가 본 적이 있습니까?

＿＿＿＿＿＿＿＿＿＿＿＿＿＿＿＿＿＿＿＿＿＿＿.

(6) 이 사람은 언제 태산에 갈 겁니까?

＿＿＿＿＿＿＿＿＿＿＿＿＿＿＿＿＿＿＿＿＿＿＿.

➤ **课堂练习**

1. 알맞은 단어를 골라 빈칸을 채우십시오. (请选择适合的单词填空。)

(1) (   )가/이 먼 곳에서 오는데 어찌 기뻐하지 않겠는가?

　① 친구　　　　　② 선배　　　　　③ 친척　　　　　④ 이웃

(2) (   )를 통해서 직장의 경험을 많이 모을 수 있습니다.

　① 외국어　　　　② 아르바이트　　③ 동아리　　　　④ 읽기

(3) 저는 동창과 (   ) 영화관에서 영화를 봅니다.

　① 같이　　　　　② 따로　　　　　③ 계속　　　　　④ 선후

(4) 지나친 운동은 (   ) 좋지 않습니다.

　① 아주　　　　　② 더욱　　　　　③ 오히려　　　　④ 그런데

2. 본문을 읽고 질문을 답하십시오. (请阅读原文回答下列问题。)

(1) 유미나 씨는 어느 나라의 사람입니까?

　_____.

(2) 링이 씨와 유미나 씨는 어떻게 알게 되었어요?

　_____.

(3) 유미나 씨는 왜 링이 씨가 제일 착한 사람이라고 생각합니까?

　_____.

(4) 유미나 씨는 장치밍 씨를 만나서 기분이 어때요?

　_____.

(5) 유미나 씨와 장치밍 씨는 무슨 약속을 했어요?

　_____.

➤ 课后练习

1. 알맞은 단어를 골라 빈칸을 채우십시오. (请选择适合的单词填空。)

> 동료   선생   이웃   친척

(1) 학생을 가르치는 사람   (   )

(2) 친족과 외척을 아울러 이르는 말   (   )

(3) 같은 직장이나 같은 부문에서 함께 일하는 사람   (   )

(4) 가까이 사는 집   (   )

2. [보기]와 같이 '-ㄴ/은/는데요'를 이용하여 다음 문장을 완성하십시오. (请用 "-ㄴ/은/는데요" 仿照例句完成下列句子)

> [보기] 저는 어제 고등학교 동창을 만났어요.
>   저는 어제 고등학교 동창을 만났는데요.

(1) 저는 지금 한국어를 공부하고 있어요.

_____.

(2) 요즘 서울의 날씨가 더워졌어요.

_____.

(3) 우리 학교의 경치가 정말 예쁩니다.

_____.

(4) 이번 시험이 너무 쉬워요.

_____.

3. [보기]와 같이 '중에서'를 이용하여 다음 문장을 완성하십시오. (请用 "중에서" 仿照例句完成下列句子。)

> [보기] 저는 과일 중에서 제일 좋아하는 것은 사과입니다.

(1) 저는 한국요리 중에서 _____.

(2) 그 남학생은 _____ 키가 제일 큰 사람입니다.

(3) 시은 씨는 제가 아는 ＿＿＿＿＿＿＿＿＿ 제일 좋은 사람입니다.

(4) ＿＿＿＿＿＿＿＿＿＿＿＿ 제일 어려운 언어가 중국어입니다.

4. [보기]와 같이 '-마다'를 이용하여 질문을 답하십시오. (请用 "-마다" 仿照例句回答 下列问题。)

> [보기] 가: 동아리 활동이 언제 있어요?
>
> 　　　나: 주말마다 동아리 활동이 있어요.

(1) 가: 등산 모임이 언제 있어요?

　　나: ＿＿＿＿＿＿＿＿＿＿＿＿＿＿＿＿＿＿＿.

(2) 가: 그 여자가 왜 학교에 가고 싶지 않아요?

　　나: ＿＿＿＿＿＿＿＿＿＿＿＿＿＿＿＿＿＿＿.

(3) 가: 주차장의 시설이 왜 달라요?

　　나: ＿＿＿＿＿＿＿＿＿＿＿＿＿＿＿＿＿＿＿.

(4) 가: 두 학교의 차이가 왜 이렇게 많아요?

　　나: ＿＿＿＿＿＿＿＿＿＿＿＿＿＿＿＿＿＿＿.

5. [보기]와 같이 '-게'를 이용하여 다음 문장을 완성하십시오. (请用 "-게" 仿照例句完 成下列句子。)

> [보기] 시은 씨는 어제 머리를 짧게 잘랐어요. (짧다)

(1) 우리는 도시에서 ＿＿＿＿＿＿＿ 지내고 있습니다. (행복하다)

(2) 여러분께서는 중국에서 ＿＿＿＿＿＿＿ 유람하시길 바랍니다. (즐겁다)

(3) 그 남자는 자기의 지위를 ＿＿＿＿＿＿＿ 유지합니다. (견고하다)

(4) 제가 이 이야기를 ＿＿＿＿＿＿＿ 여러분께서 말씀 드리겠습니다. (생생하다)

6. 다음 문장을 한국어로 번역하십시오. (请将下列句子翻译成韩国语。)

(1) 我最近在学习太极拳。

_____.

(2) 我认识的同学中诗恩的个子最高。

_____.

(3) 每个人都有自己的选择。

_____.

(4) 我们要快乐地度过每一天。

_____.

➤ 提高练习

다음 글을 읽고 물음에 답하십시오. (阅读短文回答问题。)

> 요즘 진정한 친구에 대해 다른 견해가 나타났습니다. 하나는 어려울 때 함께 하는 친구가 진정한 친구라고 합니다. 이와 반대로 (ㄱ) 때 진심으로 축하하는 친구가 진정한 친구라고 한다는 관점도 많습니다. 두 가지 견해가 다 <u>합리성</u>이 있는데 제가 자신의 경험으로 보면 어려울 때 함께 하는 친구가 더 중요하다고 생각합니다.

(1) 진정한 친구에 대해 몇 가지 견해가 있습니까?   (   )

　① 1   　② 2   　③ 3   　④ 4

(2) (ㄱ) 안에 알맞은 단어를 고르십시오.

　① 성공할   　② 무서울   　③ 우울할   　④ 실패할

(3) 밑줄친 부분을 다른 단어로 바꿔 주세요.   (   )

　① 실용성   　② 표준성   　③ 타당성   　④ 전면성

(4) 저자의 견해가 무엇입니까?   (   )

　① 어려울 때의 친구가 진정한 친구입니다.

　② 성공할 때의 친구가 진정한 친구입니다.

　③ 어려울 때와 성공할 때의 친구가 다 진정한 친구입니다.

　④ 어려울 때와 성공할 때의 친구가 다 진정한 친구가 아닙니다.

2-2

> **课堂练习**

1. 알맞은 단어를 골라 빈칸을 채우십시오. (请选择适合的单词填空。)

(1) 한국 사람들은 (　　　) 미역국을 먹어야 합니다.

　① 파티　　　　　　② 결혼날　　　　　③ 생일날　　　　④ 졸업 때

(2) 생일 선물을 선택할 때 취미를 (　　　) 필요가 있어요.

　① 받을　　　　　　② 입을　　　　　　③ 줄　　　　　　④ 고려할

(3) 생일날 (　　　)을/를 꼭 사야 합니다.

　① 생일 케이크　　② 옷　　　　　　③ 농구공　　　　④ 생일 파티

(4) 사람마다 자신의 독특한 (　　　)이/가 있어야 합니다.

　① 능력　　　　　　② 생각　　　　　③ 기능　　　　　④ 웃음

2. 본문을 읽고 질문을 답하십시오. (请阅读原文回答下列问题。)

(1) 박시은 씨는 누구의 생일 초청을 받았어요?

　　_____.

(2) 중국 사람들은 생일 선물을 선택할 때 뭘 고려할 필요가 있어요?

　　_____.

(3) 박시은 씨는 누구에게 생일 선물을 선택하려고 합니까?

　　_____.

(4) 장치밍 씨는 뭘 좋아합니까?

　　_____.

(5) 왕링이 씨는 박시은에게 무슨 건의를 제출하였습니까?

　　_____.

➢ 课后练习

1. 알맞은 단어를 골라 빈칸을 채우십시오. (请选择合适的单词填入下列空格内。)

돌잔치	직업	미역국	초청

(1) 생활을 위하여 자신의 능력으로 일정한 기간동안 계속하여 종사하는 일　　(　　　)
(2) 첫돌이 되는 날에 베푸는 잔치　　　　　　　　　　　　　　　　　　(　　　)
(3) 사람을 청하여 부르다　　　　　　　　　　　　　　　　　　　　　　(　　　)
(4) 미역을 넣어 끓인 국　　　　　　　　　　　　　　　　　　　　　　　(　　　)

2. [보기]와 같이 '-ㄴ/은/는/ㄹ/을지 알다/모르다'를 이용하여 질문과 대답을 하십시오. (请用 "-ㄴ/은/는/ㄹ/을지 알다/모르다" 仿照例句回答下列问题。)

[보기] 가: 겨울 방학이 언제입니까?
　　　　나: 저는 겨울 방학이 언제인지 몰라요.

(1) 가: 저 남자가 누구예요?
　　나: _____.
(2) 가: 백화점이 어디에 있어요?
　　나: _____.
(3) 가: 어제 누가 왔어요?
　　나: _____.
(4) 가: 시은 씨, 졸업한 후에 어디에서 취직할 거예요?
　　나: _____.

3. [보기]와 같이 '-ㄹ/을 만하다'를 이용하여 아래 문장을 완성하십시오. (请用 "-ㄹ/을 만하다" 仿照例句完成下列句子。)

[보기] 「서유기(西游記)」는 읽을 만한 소설입니다.

(1) 장가계 관광지는 _____ 곳입니다.
(2) 시은 씨는 _____ 사람입니다.
(3) <만강(萬疆)>은 _____ 음악 작품입니다.
(4) 비빔밥은 _____ 음식입니다.

4. [보기]와 같이 '-자마자'를 이용하여 다음 문장을 완성하십시오. (请用 "-자마자" 仿造例句完成下列句子。)

> [보기] 치밍 씨는 집에 <u>오자마자</u> 과일을 먹습니다. (오다)

(1) 그 여자가 택시를 _____ 머리가 어지러워요. (타다)

(2) 시은 씨는 도서관에 _____ 책을 읽습니다. (도착하다)

(3) 선생님은 교실에 _____ 수업을 시작합니다. (들어오다)

(4) 동생은 피아노를 _____ 울어요. (치다)

5. [보기]와 같이 '아니면'을 이용하여 아래 두 문장을 연결하십시오. (请用 "아니면" 仿照例句连接句子。)

> [보기] 우리는 기숙사에서 공부합니다. / 도서관에서 공부합니다.
> 　　 <u>우리는 기숙사 아니면 도서관에서 공부합니다.</u>

(1) 우리는 한국요리를 먹습니다. / 중국요리를 먹습니다.

　　_____.

(2) 할아버지께 과일을 사 드리려고 합니다. / 우유를 사 드리려고 합니다.

　　_____.

(3) 취직할 때 베이징에 갈 겁니다. / 광저우에 갈 겁니다.

　　_____.

(4) 한국에 갈 때 비행기를 탈 겁니까? / 배를 탈 겁니까?

　　_____.

6. 다음 문장을 한국어로 번역하십시오. (请将下列句子翻译成韩国语。)

(1) 生日聚会的时候，我们打算给启明买蛋糕或者鲜花。

　　_____.

(2) 诗恩一回到学校就去图书馆学习了。

　　_____.

(3) 中国是一个值得信赖的国家。

　　　　　　　　　　　　　　　　　　　　　　.

(4) 你知道百货商店在哪里么?

　　　　　　　　　　　　　　　　　　　　　　.

➤ **提高练习**

다음 글을 읽고 물음에 답하십시오. (阅读短文回答问题。)

> 여자: 어서 오세요.
>
> 남자: 제가 친구한테 줄 생일 선물을 좀 보고 싶은데요.
>
> 여자: 특별히 원하시는 선물이 있으세요?
>
> 남자: 저도 모르겠네요.
>
> 여자: 그럼 친구가 무슨 취미가 있으세요?
>
> 남자: 특별한 취미가 없는데 매일 아침에 운동을 합니다.
>
> 여자: 그럼 이 운동화가 어때요?
>
> 남자: 이 운동화가 좋기는 하지만 좀 비싸요. 더 싼 것 있어요?
>
> 여자: 그럼 이 축구공이 어때요? 이 축구공이 지금 20%를 세일하고 있습니다.
>
> 남자: 그래요? 그럼 이 축구공을 하나 주세요.
>
> 여자: 네, 잠시만요.

(1) 이 남자가 누구에게 생일 선물을 사 주려고 합니까?　　　　　　　(　　)

　　① 동창　　　　　　② 친구　　　　　　③ 형님　　　　　④ 동생

(2) 이 남자가 특별히 원하시는 선물이 있습니까?　　　　　　　　　(　　)

　　① 네, 있습니다.　　　　　　　　② 네, 없습니다.

　　③ 이니요, 있습니다.　　　　　　④ 아니요, 없습니다.

(3) 여자가 처음에 남자한테 뭘 추천했습니까?　　　　　　　　　　(　　)

　　① 운동화　　　　　　② 농구공　　　　　③ 축구공　　　④ 옷

(4) 이 남자가 무슨 원인으로 축구공을 샀습니까?　　　　　　　　　(　　)

　　① 품질이 좋다.　　　　　　　　② 가격이 싸다.

　　③ 친구가 좋아하다.　　　　　　④ 안내원의 추천

2-3

➢ 课堂练习

1. 알맞은 단어를 골라 빈칸을 채우십시오. (请将适合的单词填写到括号内。)

(1) 자금성은 이 세상에 제일 (　　　) 문화재입니다.

　　① 큰　　　　　　　　② 비싼　　　　　　　③ 소중한　　　　④ 어려운

(2) 시은 씨는 방학 동안 (　　　) 학교에 있어요.

　　① 아주　　　　　　　② 줄곧　　　　　　　③ 천천히　　　　④ 빨리

(3) 요즘 너무 바빠서 자주 밤을 (　　　).

　　① 새웁니다　　　　② 삶습니다　　　　　③ 견딥니다　　　④ 지냅니다

(4) 그 남자가 졸업한 후에 한국 회사에 (　　　).

　　① 공부합니다　　　② 다닙니다　　　　③ 일을 안 합니다　④ 돌아갑니다

2. 본문을 읽고 질문을 답하십시오. (请阅读原文回答下列问题。)

(1) 이 사람한테 제일 소중한 친구는 누구입니까?

　　_____.

(2) 저와 장치밍은 언제부터 언제까지 같은 학교에 다니었습니까?

　　_____.

(3) 저와 장치밍은 왜 매일 같이 학교에 갈 수 있습니까?

　　_____.

(4) 저와 장치밍은 무슨 추억을 만들었습니까?

　　_____.

(5) 왜 '이런 친구가 찾기가 어렵습니다'라고 해요?

　　_____.

➢ 课后练习

1. 알맞은 단어를 골라 빈칸을 채우십시오. (请用适合的单词填空。)

> 친구　성공하다　즐거움　모임

(1) 어떤 목적 아래 여러 사람이 모이는 일　　　　　　　(　　)
(2) 목적하는 바를 이루다　　　　　　　　　　　　(　　)
(3) 가깝게 오래 사귄 사람　　　　　　　　　　　　(　　)
(4) 즐거운 느낌이나 마음　　　　　　　　　　　　(　　)

2. [보기]와 같이 '-고 해서'를 이용하여 아래 문장을 연결하십시오. (请用 "-고 해서" 仿照例句连接下列句子。)

> [보기] 분위기가 좋습니다. / 그 카페에 자주 가요.
> 　　　분위기가 좋고 해서 그 카페에 자주 가요.

(1) 어제 회의가 있습니다. / 생일 파티에 참가하지 못했습니다.

　　_____.

(2) 돈이 많이 없어요. / 아르바이트를 했어요.

　　_____.

(3) 링이 씨는 한국 문화를 너무 좋아합니다. / 한국어를 배우기 시작했습니다.

　　_____.

(4) 치밍 씨는 착한 사람입니다. / 노인을 많이 도와줬어요.

　　_____.

3. [보기]와 같이 '-기 위해서'를 이용하여 아래 대화를 완성하십시오. (请用 "-기 위해서" 仿照例句完成下列对话。)

> [보기] 가: 왜 아르바이트를 했어요?
> 　　　나: 자기 스스로 돈을 벌기 위해서 아르바이트를 했어요.

(1) 가: 오늘 왜 일찍 일어났어요?

　　나: _____.

(2) 가: 그 학생은 왜 이렇게 열심히 공부해요?

　　나: _____.

(3) 가: 그 남자가 요즘 왜 술을 안 마셨어요?

　　나: _____.

(4) 가: 여기서 담배를 피워도 됩니까?

　　나: _____.

4. [보기]와 같이 '-까지'를 이용하여 아래 내용을 완성하십시오. (请用 "-까지" 仿照例句完成下列句子。)

> [보기] 그 소식은 <u>선생님까지</u> 알아들으셨어요.

(1) 링이 씨는 _____ 공공장소에 가지 않아요.

(2) 지금은 _____ 온라인으로 예약할 수 있어요.

(3) 치밍 씨는 _____ 한국 문화를 좋아할 줄 몰랐어요.

(4) 지금은 _____ 핸드폰으로 볼 수 있습니다.

5. [보기]와 같이 '-기가 어렵다/싫다/좋다/쉽다'를 이용하여 다음 문장을 완성하십시오. (请用 "-기가 어렵다/싫다/좋다/쉽다" 仿照例句完成下列句子。)

> [보기] 이런 사람이 <u>찾기가 어려워요</u>. (찾다)

(1) 이런 아름다운 꽃을 _____. (보다)

(2) 저는 운동을 _____. (하다)

(3) 매일 술을 _____. (마시다)

(4) 남자친구를 _____. (만나다)

6. 다음 문장을 한국어로 번역하십시오.（请将下列句子翻译成韩国语。）

(1) 我非常讨厌每天坐公交车。

    _____.

(2) 我现在连电视都不看了。

    _____.

(3) 那个学生为了参加生日宴会一大早就出去了。

    _____.

(4) 他们因为有相同的兴趣，所以成为好朋友了。

    _____.

➢ **提高练习**

다음 글을 읽고 물음에 답하십시오.（阅读短文回答问题。）

> 우리는 보통 사람들이 오랫동안 연락이 없더라도 두 사람 사이의 관계가 （ ㄱ ）
> 것이라고 믿습니다. 하지만 며칠 전에 학자들은 '친한 친구'라도 6개월동안 연락이 하
> 나도 없으면 두 사람 사이의 <u>친밀감</u>이 줄어든다고 말씀하였습니다. 그래서 친구 사이
> 에 자주 연락해야 합니다.

(1) （ ㄱ ）안에 알맞은 것을 쓰십시오.
   ① 서로 관심이 없을   ② 여전히 유지할 수 있을
   ③ 멀어질   ④ 오해가 생길

(2) 이 글의 중심 생각을 고르십시오. （　　　）
   ① 두 사람이 자주 연락할 필요가 없습니다.
   ② 두 사람이 자주 연락할 필요가 있습니다.
   ③ 사람들은 친구 사이의 관계를 믿습니다.
   ④ 학자들은 친구 사이의 관계를 믿지 않습니다.

(3) 밑줄 친 부분의 내용을 바꿀 수 있는 것을 고르십시오. （　　　）
   ① 공동감   ② 협동감   ③ 안전감   ④ 친근감

주제2 저랑 친구할래요? 단원연습

1. 알맞은 단어를 골라 빈칸에 쓰십시오. (请选择正确的单词填入括号内。)

| 농구화 | 미역국 | 생각하다 | 직업 | 즐거움 | 추억 |

(1) 누나는 나에게 (   )을/를 주었습니다.
(2) 한국 사람들은 생일날 다 (   )을/를 먹어야 합니다.
(3) 이번 회의 결과에 대해 제가 꿈에도 (   )지 못했습니다.
(4) 졸업한 후에 무슨 (   )을/를 좋아합니까?
(5) 매일 쉬는 시간동안 학생들이 많은 (   )을 만들 수 있습니다.
(6) 아버지는 옛날 영상을 보며 아름다운 (   ) 속으로 잠겨 들어갔습니다.

2. 다음 빈칸에 알맞은 것을 고르십시오. (请选择合适的内容填入括号内。)

(1) 이렇게 매일 싸워서 너무 힘들어요. (   ) 빨리 헤어지는 게 좋겠어요.
　　① 자주　　　　　　② 차라리　　　　　　③ 깨끗하게　　　④ 꾸준히
(2) (   )는/은 한국의 중요한 인생 의례이다.
　　① 돌잔치　　　　　② 식사　　　　　　　③ 결혼 기념일　　④ 생신
(3) 치밍 씨는 회사가 (   )인데도 매일 출근할 때 지각을 해요.
　　① 이웃　　　　　　② 동창　　　　　　　③ 가족　　　　　④ 선생
(4) 우리는 중학교 때의 (   )이야.
　　① 가족　　　　　　② 모자　　　　　　　③ 부모　　　　　④ 동창
(5) 나는 설사 심하게 나서 (   ) 일어나지 못합니다.
　　① 빨리　　　　　　② 여전히　　　　　　③ 자주　　　　　④ 심지어
(6) 치밍 씨는 선배의 (   )으로 베이징으로 회의를 갔습니다.
　　① 전화　　　　　　② 인사　　　　　　　③ 초청　　　　　④ 안내

3. [보기]와 같이 다음 대화를 완성하십시오. (请仿照例句完成下列对话。)

> [보기] 가: 어디로 가면 좋을까요?
>
> 나: 항저우는 <u>가 볼 만한</u> 곳입니다. (-ㄹ/을 만하다)

(1) 가: 추천 _____ 관광 코스가 있어요? (-ㄹ/을 만하다)

나: 네, 있어요.

(2) 가: 해운대가 어디 _____? (-ㄴ/은/는/ㄹ/을지 알다/모르다)

나: 네, 부산에 있어요.

(3) ㄱ: 내일 치밍 씨의 생일입니다. 무슨 선물을 준비하면 좋을까요?

나: 소설책 _____ 가방을 사 주시면 어때요? (아니면)

(4) 가: 링이 씨는 요즘 왜 이렇게 열심히 공부해요?

나: _____ 요즘 이렇게 열심히 공부해요. (-기 위해(서))

(5) 가: 왜 아침 운동을 하지 않아요?

나: 나는 _____. (-기가 좋다/어렵다/싫다/쉽다)

(6) 가: 요즘 한국의 날씨가 어때요?

나: 요즘 한국의 날씨가 _____. (-ㄴ/은/는데요)

4. 배운 문법을 선택하여 문장을 완성하십시오. (请选择所学语法完成下列句子。)

> -자마자   중에서   -마다
>
> -까지   -게   -고 해서

(1) 치밍은 한국에서 _____ 지내고 있습니다. (즐겁다)

(2) _____ 독특한 성격이 있다. (사람)

(3) 삼계탕은 _____ 제일 맛있는 것입니다. (한국요리)

(4) 그 여학생이 시험이 _____ 부모님한테 전화했어요. (끝나다)

(5) 링이 씨는 시험 전에 열심히 _____ 이번 시험에 좋은 성적을 받았어요.

(복습하다)

(6) 요즘 너무 바빠서 _____ 쉬지 못해요. (일요일)

5. 다음 글을 읽고 물음에 답하십시오. (阅读短文回答问题。)

요즘에는 밤에 깊이 잠들기 위해 낮잠을 (ㄱ) 사람이 많습니다. 하지만 학자의 연구결과에 의하여 낮잠을 자는 것은 밤의 숙면을 방해하지 않을 뿐 아니라 오히려 밤에 더 깊은 잠을 잘 수 있게 합니다. 이 밖에 연구자료의 내용에 따르면 낮에 <u>졸음이 온다면</u> 잠깐이라도 눈을 붙이면 기억력과 집중력을 촉진시킬 수 있습니다. 따라서 사람마다 낮에 잠을 자면 몸에 대해 좋습니다.

(1) (ㄱ) 안에 알맞은 단어를 쓰십시오.

① 자지 못하는   ② 자지 않는

③ 자지 마는   ④ 자는

(2) 밑줄 친 부분의 내용을 바꿀 수 있는 것을 고르십시오.   (   )

① 피곤하면   ② 기분이 좋으면

③ 울고 싶으면   ④ 커피를 마시고 싶으면

(3) 다음 내용 중에 알맞은 것을 고르십시오.   (   )

① 사람들은 요즘 낮잠을 자지 않습니다.

② 사람들은 요즘 밤에 자기가 어렵습니다.

③ 사람들은 다 낮잠을 자야 합니다.

④ 낮잠을 자려면 잠깐 자야 합니다.

(4) 본문의 중심 생각을 고르십시오.   (   )

① 낮잠이 좋은 효과가 많아서 사람마다 다 자야 합니다.

② 낮잠은 밤 숙면을 방해합니다.

③ 낮잠을 자면 집중력을 촉진할 수 있습니다.

④ 졸음이 온다면 자야합니다.

3-1

> **课堂练习**

1. 알맞은 단어를 골라 빈칸을 채우십시오. (请选择适合的单词填空。)

(1) 요즘 (   ) 때문에 밥을 잘 먹지 못해요.

   ① 활동   ② 여행   ③ 스트레스   ④ 동아리

(2) 수업이 (   ) 후에 뭘 해요?

   ① 끝낸   ② 끝난   ③ 온   ④ 시작한

(3) 오후에 친구가 오겠다고 했는데 집안일을 (   )고 있어요.

   ① 식사하   ② 끼치   ③ 기다리   ④ 정리하

(4) 어려운 일은 서로 (   ).

   ① 돕습니다   ② 쉽습니다   ③ 듣습니다   ④ 봅습니다

(5) 일상 속에서 돈을 (   ) 씁니다.

   ① 끼쳐   ② 받아   ③ 아껴   ④ 찾아

2. 본문을 읽고 다음 질문을 답하십시오. (请阅读原文回答下列问题。)

(1) 장치밍 씨는 안색이 왜 안 좋습니까?

   _____.

(2) 선배가 전에 장치밍에게 도와 준 적이 있습니까?

   _____.

(3) 장치밍 씨가 오늘까지 무슨 일을 꼭 해야 합니까?

   _____.

(4) 선배가 이번에 장치밍을 도와 줄 겁니까?

   _____.

(5) 여러분은 친구가 도움이 필요할 때 도와 줄 수 있습니까?

   _____.

> **课后练习**

1. 그림을 보고 알맞은 단어를 골라 다음 표를 완성하십시오. （请看图选择正确的单词完成下表。）

결혼식	청첩장	초대하다	준비하다
집들이	이사	인사하다	찾아 뵙다

(1) 친구들을 집으로 (　　　　).

(2) 언니의 (　　　　)에 참석했어요.

(3) 지난 주말에 (　　　　)를 했어요.

(4) 시간이 나면 선생님을 (　　　　).

(5) 친구에게 생일 선물을 (　　　　).

(6) 두 사람이 (　　　　).

(7) 친구 결혼식의 (　　　　)를 받았어요.

(8) 친구의 (　　　　)에 갔습니다.

2. [보기]와 같이 '-아/어/여, 야/이야'를 사용하여 다음 표를 완성하십시오. (请用 "-아/어/여, 야/이야" 仿照例句完成下表。)

-아요/어요/여요 →아/어/여	[보기] 기숙사에서 살아요.	기숙사에서 살아.
	동창을 만나요.	(1)
	책을 읽어요.	(2)
	열심히 공부해요.	(3)
	어제 비가 왔어요.	(4)
-예요/이에요 →야/이야	[보기]중국 사람이에요.	중국 사람이야.
	그녀는 나의 친구예요.	(5)
	이것은 한국어 책이에요.	(6)

3. [보기]와 같이 '-잖아요'를 사용하여 다음 대화를 완성하십시오. (请用 "-잖아요" 仿照例句完成下列对话。)

> [보기] 가: 왜 이렇게 많이 입었어요?
>
> 나: <u>오늘 날씨가 너무 춥잖아요.</u>

(1) 가: 왜 아직 안 자요?

　　나: _____

(2) 가: 저녁을 왜 안 먹어요?

　　나: _____

(3) 가: 오늘 왜 지하철을 탔어요?

　　나: _____

(4) 가: 치밍 씨가 너를 왜 그렇게 많이 도와줘?

　　나: _____

4. [보기]와 같이 '-아/어/여 놓다'를 사용하여 다음 문장을 바꿔 보십시오. (请用 "-아/어/여 놓다" 仿照例句改写下列句子。)

> [보기] 회사 일을 했어요.
>
> <u>회사 일을 다 해 놓았어요.</u>

(1) 숙제를 했어요.

_____.

(2) 여행 준비를 했어요.

_____.

(3) 회의 기록을 작성했어요.

_____.

(4) 방학 계획을 세웠어요.

_____.

5. [보기]와 같이 '-자'를 사용하여 다음 대화를 완성하십시오. (请用 "-자" 仿照例句完成下列对话。)

> [보기] 가: 심심한데 뭐 할까?
>
> 나: 글쎄요. <u>그럼 영화를 보러 가자</u>. (영화)

(1) 가: 저녁에 뭘 먹을까?

나: 글쎄요. 그럼 _____. (불고기)

(2) 가: 오후에 언니가 오면 뭘 할까요?

나: 글쎄요. 그럼 _____. (맛있는 케이크)

(3) 가: 오늘부터 방학인데 뭘 할까?

나: 글쎄요. 그럼 _____. (방학 계획)

(4) 가: 도서관에 자리가 없는데 어디에 갈까?

나: 글쎄요. 그럼 _____. (카페)

6. 다음 문장을 한국어로 번역하십시오. (请将下列句子翻译成韩国语。)

(1) 我朋友的性格非常好。

_____.

(2) 去韩国留学的人不是很多嘛。

_____.

(3) 朋友来之前，我把饭都做完了。

_____.

(4) 都没有时间了，我们快点儿干吧。

_____.

> 提高练习

다음 청첩장을 읽고 물음에 답하십시오.（阅读请帖并回答问题。）

청첩장

미은 언니에게

언니, 그동안 잘 지내셨어요?

저는 한국어 말하기 동아리에서 한국말을 배우고 있어요.

다음 주말에 한국말을 배우는 친구들과 같이 파티를 할 거예요.

이번 파티는 다른 나라와 한국을 서로 이해하는 파티예요.

(ㄱ) 모든 참석하는 학생들이 한국 사람 한 명씩 초대할 거예요.

저는 미은 언니를 초대하고 싶어요.

시간이 있으면 꼭 와 주세요.

시간은 다음주 일요일 오후 5시이고, 장소는 한국어 학당이에요.

여러 나라 사람들과 한국말로 이야기하면 재미있을 거예요.

그날 전에 다시 전화 드릴게요.

꼭 와 주셨으면 좋겠어요.

2023년 2월

장나 올림

---

(1) 이 사람은 무엇을 하고 있어요?　　　　　　　　　　　　　　(　　　)

　① 미은 언니에게 전화를 하고 있어요.

　② 한국 친구를 초대하고 있어요.

　③ 파티를 하고 있어요.

　④ 한국어를 배우고 있어요.

(2) (ㄱ)에 들어갈 알맞은 말을 고르십시오.　　　　　　　　　　(　　　)

　① 그렇지만　　　　② 그래서　　　　③ 그러면　　　　④ 그런데

(3) 파티의 시간은 언제이고 장소는 어디입니까?

　＿＿＿＿＿＿＿＿＿＿＿＿＿＿＿＿＿＿＿＿＿＿＿＿＿＿.

(4) 파티 그날에 무엇으로 할 겁니까?

　＿＿＿＿＿＿＿＿＿＿＿＿＿＿＿＿＿＿＿＿＿＿＿＿＿＿.

3-2

> 课堂练习

1. 알맞은 단어를 골라 빈칸을 채우십시오. (请选择适合的单词填空。)

(1) 선생님의 가르친 (　　　　)를 갚고 싶습니다.

 ① 교육　　　　　　② 은혜　　　　　　③ 기분　　　　　　④ 지도

(2) 열심히 공부하면 좋은 (　　　　)가 있을 겁니다.

 ① 자격　　　　　　② 내용　　　　　　③ 결과　　　　　　④ 성적

(3) 선생님 (　　　　) 저녁을 잘 먹었습니다.

 ① 벌써　　　　　　② 드디어　　　　　　③ 당연히　　　　　　④ 덕분에

(4) 의사가 된 꿈을 드디어 (　　　　).

 ① 이뤘습니다　　　② 얻었습니다　　　③ 찾았습니다　　　④ 받았습니다

(5) 우리는 한번만 만났지만 그는 아직 나를 (　　　　)고 있었어요.

 ① 기다리　　　　　② 기억하　　　　　③ 익숙하　　　　　④ 좋아하

2. 본문을 읽고 다음 질문을 답하십시오. (请阅读原文回答下列问题。)

(1) 장치밍 씨가 지금 어디서 무엇을 합니까?

　　　　　　　　　　　　　　　　　　　　　　　　　　.

(2) 장치밍 씨가 무엇을 공부하고 있습니까?

　　　　　　　　　　　　　　　　　　　　　　　　　　.

(3) 중학교 때 선생님이 무슨 일로 장치밍을 도와주셨습니까?

　　　　　　　　　　　　　　　　　　　　　　　　　　.

(4) 장치밍 씨가 무엇으로 선생님의 은혜를 갚고 싶어했습니까?

　　　　　　　　　　　　　　　　　　　　　　　　　　.

(5) 여러분들은 보고 싶은 선생님이 있습니까?

　　　　　　　　　　　　　　　　　　　　　　　　　　.

➤ 课后练习

1. 그림을 보고 알맞은 단어를 골라 다음 표를 완성하십시오. （**请看图选择正确的单词完成下表。**）

> 먹이다　　낳다　　감사 편지를 쓰다　　선물을 드리다
> 키우다　　안다　　감사의 마음　　　　집안일을 돕다

(1) 귀여운 아이를 (　　　).	(2) 아기를 품에 (　　　).
(3) 어머니께 (　　　).	(4) 아이에게 우유를 (　　　).
(5) 친구에게 (　　　)을 전합니다.	(6) 귀여운 강아지를 (　　　).
(7) 어머니날에 어머니께 (　　　).	(8) 고등학교 선생님께 (　　　).

2. [보기]와 같이 그림을 보고 '-구나/는구나'를 사용하여 문장을 만들어 보십시오.
（请看图，用语法 "–구나/는구나" 仿照例句造句。）

[보기] 장미꽃이 정말 예쁘구나.

(1)

(2)

(3)

(4)

(5)

3. [보기]와 같이 '-나요?'를 사용하여 다음 대화를 완성하십시오. （请用 "-나요?" 仿照例句完成下列对话。）

> [보기] 가: 한국 노래를 좋아하나요?
>   나: 네, 아주 좋아해요.

(1) 가: 삼계탕이 _____?
    나: 네, 아주 맛있어요.
(2) 가: 오늘 날씨가 _____?
    나: 네, 너무 추워요.
(3) 가: 한국어가 _____?
    나: 아니요, 어렵지 않아요.
(4) 가: 피아노를 _____?
    나: 아니요, 잘 하지 않아요.

4. [보기]와 같이 '-더라면'을 사용하여 다음 문장을 완성하십시오. （请用语法 "-더라면" 仿照例句完成下列句子。）

> [보기] 친구의 도움이 없었더라면 내가 이렇게 좋은 성적을 받을 수 없었을 거예요.

(1)_____ 비행기를 놓칠 수 없었을 거예요.
(2)_____ 감기에 걸리지 않았을 거예요.
(3)_____ 지각하지 않았을 텐데.
(4)_____ 지금 고프지 않았을 거예요.

5. [보기]와 같이 '-기(를) 바라다'를 사용하여 다음 문장을 바꿔 보십시오. （请 "-기(를) 바라다" 仿照例句改写下列句子。）

> [보기] 중국이 신속히 발전합니다.
>   중국이 신속히 발전하기를 바랍니다.

(1) 부모님이 영원히 저를 사랑하십니다.

_____.

(2) 기말 시험을 잘 칩니다.

                  _____.

(3) 수업이 빨리 끝납니다.

                  _____.

(4) 좋은 회사에 들어갑니다.

                  _____.

6. 다음 문장을 한국어로 번역하십시오. （请将下列句子翻译成韩国语。）

(1) 妹妹真可爱呀。

                  _____.

(2) 你对中国文化感兴趣吗?

                  _____.

(3) 如果不努力学习的话，恐怕得不到好成绩。

                  _____.

(4) 希望找到好工作。

                  _____.

다음 편지를 읽고 물음에 답하십시오. (阅读书信并回答问题。)

> 편지
>
> 사랑하는 부모님께
>
> 아버지, 어머니, 그 동안 안녕하셨습니까? 형도 잘 있겠지요? 오랫동안 편지를 쓰지 못해서 죄송합니다. 저는 잘 있으니까 걱정하지 마십시오. 요즘 서울은 좀 덥지만 예쁜 장미가 많이 피어서 참 좋습니다.
>
> 저는 지난주부터 중국어를 가르치는 아르바이트를 시작했습니다. 화요일과 목요일 저녁에 한 시간 반을 가르치는데 회사원도 있고 대학생도 있습니다. 계속 이 아르바이트를 하면 한국 친구들도 사귈 수 있고 용돈도 벌 수 있어서 좋을 것 같습니다.
>
> 한달 후에는 여름 방학이니까 그 때 형과 함께 한국에 오십시오. 그러면 제가 한국에서 유명한 곳으로 안내해 드리겠습니다.
>
> 시간이 있으면 또 연락을 드리겠습니다. 그럼 안녕히 계십시오.
>
> 2023년 6월 10일
>
> 아들 올림

(1) 이 편지는 누구에게 쓰는 편지입니까?

_____.

(2) 이 사람이 어디에 있습니까?

_____.

(3) 이 사람이 언제 어떤 아르바이트를 하고 있습니까?

_____.

(4) 이 아르바이트가 어떻습니까?

_____.

3-3

> 课堂练习

1. 알맞은 단어를 골라 빈칸을 채우십시오. (请选择适合的单词填空。)

(1) (   )에 제일 귀중한 것은 사람입니다.

　　① 매일　　　　　　② 다음　　　　　　③ 일상　　　　　　④ 세상

(2) 학생들이 (   )의 꿈에 대해 발표하였습니다.

　　① 미덕　　　　　　② 자신　　　　　　③ 강의　　　　　　④ 행동

(3) 그녀는 항상 돈을 (   ) 써서 낭비해요.

　　① 빨리　　　　　　② 매우　　　　　　③ 잘　　　　　　　④ 마구

(4) 방학 때 한국에 여행 갈 계획을 (   ).

　　① 바꿨습니다　　　② 빌렸습니다　　　③ 기다렸습니다　　④ 도왔습니다

(5) 기말 시험 날짜가 코앞에 (   ) 도서관에서 공부하는 학생들이 많아졌어요.

　　① 갖춰서　　　　　② 보여서　　　　　③ 닥쳐서　　　　　④ 바꿔서

2. 본문을 읽고 다음 질문을 답하십시오. (请阅读原文回答下列问题。)

(1) 한 사람의 미덕은 어떤 것이라고 생각합니까?

　　_____.

(2) 누가 미덕을 가쳐야 합니까?

　　_____.

(3) 일상 속에서 한 사람의 미덕을 쉽게 보일 수 있습니까?

　　_____.

(4) 어떤 행위는 한 사람의 미덕이라고 생각합니까? 적어 보세요.

　　_____.

(5) 여러분이 다른 사람을 도와 준 일들을 생각하고 적어 보세요.

　　_____.

➢ 课后练习

1. 그림을 보고 알맞은 단어를 골라 다음 표를 완성하십시오. (请看图选择正确的单词完成下表。)

> 걱정하다   말다툼   돕다   사과하다
> 고민하다   화나다   믿다   고생하다

(1) 날씨가 너무 더워서 엄청 ( ).	(2) 서로 이해하고 서로 ( ).
(3) 두 아이가 ( )을 했어요.	(4) 부모님은 늘 아이들을 ( ).
(5) 언니가 작은 일로 ( ).	(6) 자신의 잘못을 친구에게 ( ).
(7) 아이의 간강 문제로 ( ).	(8) 식사 준비를 ( ).

2. [보기]와 같이 '-라고/이라고 생각하다'를 사용하여 다음 대화를 완성하십시오.
(请用语法 "-라고/이라고 생각하다" 仿照例句完成下列对话。)

> [보기] 가: 미나 씨가 어떤 사람이에요?
>
> 나: <u>미나 씨는 아주 착한 사람이라고 생각합니다</u>.

(1) 가: 이 책이 어때요?

　　나: ＿＿＿＿＿＿＿＿＿＿＿＿＿＿＿＿＿.

(2) 가: 그 영화가 어때요?

　　나: ＿＿＿＿＿＿＿＿＿＿＿＿＿＿＿＿＿.

(3) 가: 한국에서 유학한 것이 어땠어요?

　　나: ＿＿＿＿＿＿＿＿＿＿＿＿＿＿＿＿＿.

(4) 가: 한국어가 어떤 언어예요?

　　나: ＿＿＿＿＿＿＿＿＿＿＿＿＿＿＿＿＿.

3. [보기]와 같이 '-에 비해(서)'를 사용하여 다음 대화를 완성하십시오. (请用 "-에 비해(서)" 仿照例句完成下列对话。)

> [보기] 가: 바나나가 맛있어요?
>
> 나: 아니요, <u>바나나에 비해 사과가 더 맛있어요</u>.

(1) 가: 방학 때 상하이에 가고 싶어요?

　　나: 아니요, ＿＿＿＿＿＿＿＿＿＿＿＿＿＿.

(2) 가: 저녁에 냉면을 먹고 싶어요?

　　나: 아니요, ＿＿＿＿＿＿＿＿＿＿＿＿＿＿.

(3) 가: 여름을 좋아해요?

　　나: 아니요, ＿＿＿＿＿＿＿＿＿＿＿＿＿＿.

(4) 가: 생일 때 밖에서 파티를 하고 싶어요?

　　나: 아니요, ＿＿＿＿＿＿＿＿＿＿＿＿＿＿.

4. [보기]와 같이 그림을 보고 '-와/과 같이'를 사용하여 문장을 만들어 보십시오. （请看图，用语法 "-와/과 같이" 仿照例句造句。）

[보기] 친구와 같이 공부해요.	(1)
(2)	(3)
(4)	(5)

5. [보기]와 같이 '-로부터/으로부터'를 사용하여 다음 문장을 완성하십시오. （请用语法 "-로부터/으로부터" 仿照例句完成下列句子。）

> [보기] 부모님으로부터 많은 사랑을 받았어요.

(1) _____ 많은 도움을 받았어요.

(2) _____ 많은 것을 배웠어요.

(3) _____ 그 소식을 들었어요.

(4) _____ 편지가 왔어요.

6. 다음 문장을 한국어로 번역하십시오. （请将下列句子翻译成韩国语。）

(1) 我认为我们学校是最漂亮的学校。

_____.

(2) 比起英语，我更喜欢韩国语。

_____.

(3) 放假的时候，我和寝室的朋友去旅行了。

_____.

(4) 从家乡传来了好消息。

_____.

➢ **提高练习**

다음 글을 읽고 물음에 답하십시오. （阅读短文回答问题。）

> 노동절에는 5일간 휴가를 보낼 수 있습니다. 나의 고향은 베이징입니다. 노동절 연휴에 나는 고향에 가았습니다. 아버지 생신이 5월 2일입니다. 아버지와 어머니는 나를 대학까지 보냈습니다. 몹시 (ㄱ)하셨습니다. 나는 아버지 생신 선물을 사 드리려고 백화점에 갔습니다. 오늘은 일요일이라서 백화점에 사람이 많았습니다. 남성복 의류는 3층에 있습니다. 나는 양복 한 벌을 샀습니다. 그리고 구두 매장에서 여자 구두도 한 켤레 샀습니다. 양복 한 벌은 아버지께 선물했습니다. 여자 구두는 어머니께 선물했습니다.

(1) 이 사람은 노동절에 무엇을 했습니까?　　　　　　　　　　　（　　　　）

　　① 너무 바빠서 고향에 가지 않았습니다.

　　② 사람이 너무 많아서 백화점에 가지 았았습니다.

　　③ 백화점에 가서 아버지 생신 선물을 사 드렸습니다.

　　④ 백화점에서 아버지의 생신 서물을 사지 못했습니다.

(2) 아버지의 생신은 언제입니까?

_____.

(3) (ㄱ)에 들어갈 알맞은 말을 고르십시오.　　　　　　　　　（　　　　）

　　① 고민　　　　　② 고생　　　　　③ 걱정　　　　　④ 사과

(4) 이 사람이 뭘 사서 생신 선물로 아버지께 드렸습니까?

_____.

주제3 아름다운 세상을 만듭시다. 단원연습

1. 알맞은 단어를 골라 빈칸에 쓰십시오. (请选择正确的单词填入括号内。)

덕분에　금방　자신　드디어　스트레스　마구

(1) 요즘 시험 때문에 (　　　)를 많이 받았어요.

(2) 친구의 도움 (　　　) 맛있는 불고기를 만들었어요.

(3) 시간을 (　　　) 낭비하지 마세요.

(4) (　　　) 밥을 먹어서 지금 배가 불러요.

(5) 시험이 끝나고 (　　　) 내일부터 방학이에요.

(6) 나 (　　　)도 그 결과를 믿을 수 없었어요.

2. 다음 질문에 알맞은 답을 고르십시오. (请根据提问选择正确的回答。)

(1) 선배를 만날 때 무엇을 해야 합니까?　　　　　　　　　　(　　　)

　① 정리하다　　　② 인사하다　　　③ 돕다　　　④ 가다

(2) 친구는 기분이 좋지 않을 때 무엇을 하면 좋을까요?　　　(　　　)

　① 안다　　　② 먹이다　　　③ 키우다　　　④ 낳다

(3) 친구는 어려움이 닥칠 때 우리가 무엇을 해야 합니까?　　(　　　)

　① 걱정하다　　　② 믿다　　　③ 화나다　　　④ 돕다

(4) 한국 사람이 이사한 후에 보통 무엇을 해요?　　　　　　(　　　)

　① 결혼식　　　② 준비　　　③ 인사　　　④ 집들이

(5) 아기가 고프면 어머니가 무엇을 해요?　　　　　　　　　(　　　)

　① 키우다　　　② 먹이다　　　③ 안다　　　④ 낳다

(6) 부모님들이 아이를 키워서 어땠어요?　　　　　　　　　(　　　)

　① 고생하다　　　② 화나다　　　③ 걱정하다　　　④ 고민하다

3. [보기]와 같이 다음 대화를 완성하십시오. (请仿照例句完成下列对话。)

> [보기] 가: 왜 백화점에 가지 않았어?
>
> 　　　나: 갑지기 비가 왔잖아. (-잖아요)

(1) 가: 배가 너무 고파요?

　　나: _____ (-자)

(2) 가: 왜 이렇게 늦게 공부해요?

　　나: _____ (-잖아요)

(3) 가: 도서관에 가고 싶어요?

　　나: _____ (-에 비해(서))

(4) 가: 주말에 무엇을 했어요?

　　나: _____ (-와/과 같이)

(5) 가: 기말시험을 잘 쳤나요?

　　나: _____ (-더라면)

(6) 가: 태권도를 잘 했구나.

　　나: _____ (-로부터/으로부터)

4. [보기]와 같이 다음 문장을 바꾸십시오. (请仿照例句改写下列句子。)

> [보기] 오늘 시간이 없어요.
>
> 　　　오늘 시간이 없어. (-아/어/여, 야/이야)

(1) 집에서 친구를 초대할 음식을 준비해요.

_____ (아/어/여 놓다)

(2) 부모님께서 보내 주신 편지를 받습니다.

_____ (-기(를) 바라다)

(3) 미나 씨는 나의 제일 소중한 친구입니다.

_____ (-라고/이라고 생각하다)

(4) 이것은 친구에게 줄 생일 선물이에요.

_____ (-아/어/여, 야/이야)

(5) 어제 산 치마가 예쁩니다.

_____ (-구나/는구나)

(6) 저녁을 맛있게 먹었습니까?

_____ (-나요?)

5. 다음 이메일을 읽고 물음에 답하십시오. (阅读邮件并回答问题。)

고마웠어요 .^^	
보낸 날짜	2023년 2월 8일 수요일, 오후 4시 15분
보낸 이	박시은 <Main@yonsei.co.kr>
받는 이	왕링이 <Lingyi@yonsei.co.kr>

링이 씨!
지난 번에 집에 초대해 줘서 정말 고마웠어요.
가족들이 모두 잘 대해 줘서 고향 집에 간 것 같았어요.
집도 예쁘고 ……
여동생도 참 예뻐요.
링이 씨 어머니께서 만들어 주신 음식이 모두 맛있었어요.
특히 링이 씨 어머니께서 만드신 물만두가 아주 맛있었어요.
다음주 토요일은 내 생일이에요.
토요일 저녁 6시에 우리 집에서 생일 파티를 하려고 해요.
그때 내 미국 친구들도 몇 명 올 거예요.
여동생과 같이 꼭 오세요.

(1) 이 이메일을 보낸 시간이 언제입니까?

_____.

(2) 누가 누구에게 이 이메일을 썼습니까?

_____.

(3) 박시은 씨는 지난 번에 어디에 갔습니까?

_____.

(4) 왕링이 씨의 어머니께서 만드신 음식이 어땠습니까?

_____.

(5) 박시은 씨의 생일은 언제입니까?

_____.

(6) 박시은 씨는 생일 때 무엇을 할 겁니까?

_____.

4-1

> ➤ 课堂练习

1. 알맞은 단어를 골라 빈칸을 채우십시오. (请选择适合的单词填空。)

(1) (　　　　)게 거실에서 볼륨을 높이면 안 돼요.

　① 신선하　　　　　　② 밤늦　　　　　　③ 따뜻하　　　　　④ 복잡하

(2) 날마다 야근하는데 (　　　　)지 않으세요?

　① 활발하　　　　　　② 어둡　　　　　　③ 피곤하　　　　　④ 맑

(3) (　　　　)인 생활 습관을 가져야 해요.

　① 일반적　　　　　　② 안정적　　　　　③ 비교적　　　　　④ 규칙적

(4) 꾸준히 (　　　　)면 장학금을 받을 수 있어요.

　① 노력하　　　　　　② 활발하　　　　　③ 힘들　　　　　　④ 게으르

(5) 집에 (　　　　)만 있지 말고 밖으로 나가세요.

　① 서서　　　　　　　② 누워　　　　　　③ 걸어　　　　　　④ 뛰어

2. 본문을 읽고 다음 질문을 답하십시오. (请阅读原文回答下列问题。)

(1) 시은 씨는 요즘 왜 기운이 없어 보여요?

　_____.

(2) 건강에 좋지 않은 습관에는 어떤 습관들이 있어요?

　_____.

(3) 박시은 씨는 요즘 왜 건강에 좋지 않은 생활 습관을 해요?

　_____.

(4) 스마트폰 중독이면 어떻게 하면 좋아요?

　_____.

(5) 규칙적인 생활 습관에는 어떤 것이 있어요?

　_____.

➤ **课后练习**

1. 밑줄 친 부분과 같은 뜻이 되도록 바꿔 써 보세요 . (请选择可替换的词汇并进行替换。)

> 과식하다   다이어트   조깅하다   불규칙하다   밤새우다

(1) <u>지나치게 많이 먹</u>으면 건강에 안 좋아요.
　　(　　　　　　　　　)

(2) 날마다 건강을 유지하기 위해 <u>자기 몸에 알맞은 속도로 천천히 달려요.</u>
　　　　　　　　　　　　　　　(　　　　　　　　　　　　　　　)

(3) <u>체중을 줄이는</u> 방법에 대해 알려 주세요.
　　(　　　　　　　)

(4) <u>규칙이 없는</u> 생활 습관을 버려야 해요.
　　(　　　　　)

(5) 시험 때문에 <u>잠을 자지 않고 밤을 보냈어요.</u>
　　　　　　　　(　　　　　　　　　　　)

2. [보기]와 같이 '-아/어/여 보이다'를 사용하여 다음 문장을 완성하십시오. (请用 "-아/어/여 보이다" 仿照例句完成下列句子。)

> [보기] 이것은 저것보다 더 <u>길어 보여요</u>. (길다)

(1) 영희는 미영이보다 얼굴이 더 ＿＿＿＿＿＿＿＿＿＿＿. (예쁘다)

(2) 동생은 형보다 더 ＿＿＿＿＿＿＿＿＿＿. (성숙하다)

(3) 블랙 드레스는 화이트 드레스보다 더 ＿＿＿＿＿＿＿＿＿＿. (날씬하다)

(4) 이 방은 저 방보다 더 ＿＿＿＿＿＿＿＿＿＿. (크다)

3. [보기]와 같이 '-아/어/여서 그런지'를 사용하여 다음 대화를 완성하십시오. (请用 "-아/어/여서 그런지" 仿照例句完成对话。)

> [보기] 가: 주말인데 왜 사람이 많지 않아요?
> 　　　 나: <u>비가 와서 그런지</u> 주말 오후인데도 사람들이 많지 않아요.

(1) 가: 왜 자는 사람들이 많았어요?

　　나: ＿＿＿＿＿＿＿＿＿＿＿＿＿＿＿＿＿.

(2) 가: 왜 발이 아팠어요?

　　나: ＿＿＿＿＿＿＿＿＿＿＿＿＿＿＿＿＿.

(3) 가: 왜 동생에게 항상 양보해요?

　　나: ＿＿＿＿＿＿＿＿＿＿＿＿＿＿＿＿＿.

(4) 가: 왜 기운 없어 보여요?

　　나: ＿＿＿＿＿＿＿＿＿＿＿＿＿＿＿＿＿.

4. [보기]와 같이 '-면/으면 안 되다'를 사용하여 다음 대화를 완성하십시오. (请用 "-면/으면 안 되다" 仿照例句完成对话。)

[보기] (전화를 하다)

　　　　가: 여기서 <u>전화를 해도 돼요?</u>

　　　　나: 아니요, 여기에서 <u>전화를 하면 안 돼요</u>.

(1) (차를 세우다)

　　가: 여기서 ＿＿＿＿＿＿＿＿＿＿＿＿＿?

　　나: 아니요, 여기에서 ＿＿＿＿＿＿＿＿＿＿＿.

(2) (음식을 먹다)

　　가: 여기서 ＿＿＿＿＿＿＿＿＿＿＿＿＿?

　　나: 아니요, 여기에서 ＿＿＿＿＿＿＿＿＿＿＿.

(3) (사진을 찍다)

　　가: 여기서 ＿＿＿＿＿＿＿＿＿＿＿＿＿?

　　나: 아니요, 여기에서 ＿＿＿＿＿＿＿＿＿＿＿.

(4) (수영을 하다)

　　가: 여기서 ＿＿＿＿＿＿＿＿＿＿＿＿＿?

　　나: 아니요, 여기에서 ＿＿＿＿＿＿＿＿＿＿＿.

5. [보기]와 같이 '-ㄹ/을 정도로'를 사용하여 다음 문장을 완성하십시오. (请用 "-ㄹ/을 정도로" 仿照例句完成下列句子。)

[보기] 어제 본 공포 영화는 <u>악몽 꿀 정도로</u> 무서웠어요. (악몽 꾸다)

(1) 어제는 _____ 태양 빛이 강하였어요. (눈이 시다)

(2) 동창 모임에서 _____ 취했어요. (몸주체도 못하다)

(3) 체육대회에서 _____ 북을 쳤어요. (채가 부러지다)

(4) 죽이 _____ 걸어요. (상상하지 않다)

6. 다음 문장을 한국어로 번역하십시오. (请将下列句子翻译成韩国语。)

(1) 朋友的妈妈看起来很年轻。

_____ .

(2) 不知道是不是因为明天考试，图书馆都没有座位了。

_____ .

(3) 这里不能吸烟。

_____ .

(4) 今年的冬天，冷得河水都结冰了。

_____ .

➢ **提高练习**

다음 글을 읽고 물음에 답하십시오. (阅读短文回答问题。)

눈병에 걸리는 것을 ㉠ <u>피하기 위해</u> 몇 가지 조심할 일이 있습니다. 먼저 여름철에는 사람이 많은 곳에 가지 않는 것이 좋습니다. 또 수건이나 컵을 다른 사람과 함께 사용하지 않아야 합니다. 손을 깨끗하게 하는 것도 중요합니다. 더러운 손으로 눈을 만지지 말고 손을 자주 씻으십시오. 핸드폰 같은 전자제품을 사용해도 안 됩니다. 그리고 눈에서 눈물이 나거나 아플 때는 빨리 병원에 가는 것이 가장 중요합니다.

(1) ㉠은 무슨 뜻입니까?   (   )
  ① 막기 위해   ② 잡기 위해
  ③ 고치기 위해   ④ 만지기 위해

(2) 눈병에 걸리는 것을 피하기 위해 조심해야 할 행위에서 정확하면 O, 틀리면 X 하
   세요.
  ① 친구와 수건을 함께 썼습니다.   (   )
  ② 혼자 사용하는 컵이 있습니다.   (   )
  ③ 밖에서도 손을 자주 씻습니다.   (   )
  ④ 사람이 많은 수영장에 안 갑니다.   (   )

(3) 눈병에 걸리지 않기 위해 조심해야 할 일에 대해 쓰세요.
   _____.

(4) 눈병에 걸리기 쉬운 행위에는 어떤 것들이 있을까요?
   _____.

4-2

课堂练习

1. 알맞은 단어를 골라 빈칸을 채우십시오. (请选择适合的单词填空。)

(1) 건강을 유지하기 위해서 하루 세끼 (　　　) 챙겨 먹어요.
　　① 슬금슬금　　　　　② 반짝반짝　　　　③ 꼬박꼬박　　　　④ 달랑달랑

(2) 그는 (　　　) 돈이 많아도 쓸 줄 몰라요.
　　① 설마　　　　　　　② 아무리　　　　　③ 설사　　　　　　④ 거의

(3) 이 물건은 아무 (　　　)이 없어요.
　　① 소요　　　　　　　② 유용　　　　　　③ 실용　　　　　　④ 소용

(4) 밥은 (　　　) 챙겨 먹어야 해요.
　　① 제때　　　　　　　② 그때　　　　　　③ 때마침　　　　　④ 제시간

(5) 그는 (　　　) 열심히 공부하는 학생이었어요.
　　① 별로　　　　　　　② 그리　　　　　　③ 항상　　　　　　④ 가끔

2. 본문을 읽고 다음 질문을 답하십시오. (请阅读原文回答下列问题。)

(1) 박시은 씨는 왜 식사를 안 하려고 했어요?

　　_____.

(2) 무엇에 대한 리포트예요?

　　_____.

(3) 식사를 거르면 어떻게 되나요?

　　_____.

(4) 건강을 유지하려면 어떻게 해야 해요?

　　_____.

(5) 박시은 씨는 식사하러 갔어요?

　　_____.

➢ 课后练习

1. 알맞은 내용을 골라 문장을 완성하십시오.（选择正确的内容完成句子。）

> 차리다　　　　　　　식사 예절을 지키다
>
> 맛있게 먹겠다　　　　집어 먹다

(1) 이 마을은 일년내내 잔칫상을 ＿＿＿＿＿＿＿＿＿＿＿＿＿＿＿.

(2) 힘들게 준비해 주신 정성스러운 음식을 ＿＿＿＿＿＿＿＿＿＿＿.

(3) 젓가락으로 반찬을 ＿＿＿＿＿＿＿＿＿＿＿＿＿＿＿.

(4) 누구하고 식사하든지 ＿＿＿＿＿＿＿＿＿＿＿＿＿＿＿.

2. [보기]와 같이 바르게 연결하고 '-에 대한'을 사용하여 문장을 완성하십시오. (请正确连线后，用 "-에 대한" 仿照例句完成句子。)

> 이번 사태　　　　　　　강연
>
> 국제 문제　　　　　　　책임
>
> 자기 일　　　　　　　　열정
>
> 음악　　　　　　　　　반성
>
> 잘못　　　　　　　　　책임감

> [보기] 이번 사태에 대한 책임을 져야 해요.

(1) ＿＿＿＿＿＿＿＿＿＿＿＿＿＿＿＿＿＿.

(2) ＿＿＿＿＿＿＿＿＿＿＿＿＿＿＿＿＿＿.

(3) ＿＿＿＿＿＿＿＿＿＿＿＿＿＿＿＿＿＿.

(4) ＿＿＿＿＿＿＿＿＿＿＿＿＿＿＿＿＿＿.

3. [보기]와 같이 '아무리 -아/어/여도'를 사용하여 다음 대화를 완성하십시오. (请用 "아무리 -아/어/여도" 仿照例句完成对话。)

> [보기] 가: 어제 못 만났어요?
>
> 　　　나: <u>아무리 기다려도 오지 않았어요.</u>

(1) 가: 시험 잘 못 봤어요?

　　나: _____.

(2) 가: 이번 일 잘못했지요?

　　나: _____.

(3) 가: 영희 씨는 정말 그렇게 예뻐요?

　　나: _____.

(4) 가: 이번 일이 너무 힘들어요?

　　나: _____.

4. [보기]와 같이 '-아/어야겠다'를 사용하여 다음 문장을 바꿔 보십시오. (请用 "-아/어/여야겠다" 仿照例句改写下列句子。)

> [보기] 내일은 영희 씨 생일이어서 선물을 사러 갈 거예요.
>
> 　　　<u>내일은 영희 씨 생일이어서 선물을 사러 가야겠어요.</u>

(1) 이번 시험이 어려워서 도서관에서 열심히 공부할 거예요.

_____.

(2) 요즘 이 영화가 인기 있어서 보러 갈 거예요.

_____.

(3) 감기에 걸려서 약을 먹을 거예요.

_____.

(4) 국이 좀 싱거운 것 같아서 소금을 좀 넣을 거예요.

_____.

5. [보기]와 같이 '-아/어/여야'를 사용하여 다음 문장을 완성하십시오. (请用 "-아/어/여야" 仿照例句完成下列句子。)

> [보기] 이 영화는 <u>12세 이상이어야</u> 볼 수 있어요. (12세 이상)

(1) 이번 행사는 _____ 참여할 수 있어요. (성인)

(2) 외출 후에 _____ 감기를 예방할 수 있어요. (손을 씻다)

(3) 한 달 전부터 _____ 비행기표를 살 수 있어요. (예매하다)

(4) 많이 걸어야 해서 _____ 편하게 여행할 수 있어요. (짐이 적다)

6. 다음 문장을 한국어로 번역하십시오. (请将下列句子翻译成韩国语。)

(1)我正在准备一份关于规律生活习惯的报告。

_____.

(2)不管怎么说都不听。

_____.

(3)没时间了，我需要马上去约会地点。

_____.

(4)必须6点出发，才能赶上约好的时间。

_____.

➢ **提高练习**

다음 글을 읽고 물음에 답하십시오. (阅读短文回答问题。)

> 사람들은 건강에 대한 관심이 높아지고 있습니다. ㉠<u>회사까지 걸어가기도 하고 자전거를 타고 가기도 합니다</u>. 커피를 마시지 않는 사람들도 있습니다. 요즘은 나도 건강에 관심이 많아졌습니다. 전에는 가까운 거리도 차를 타고 다녔지만 이제는 걸어 다닙니다. 일찍 자려고 노력하고 일주일에 두세 번 운동을 합니다. 담배를 피우고 싶으면 껌을 씹고 커피를 마시고 싶으면 물을 마십니다.

(1) ㉠의 이유는 무엇이에요?   (   )

　① 건강해지기 위해서

　② 교통비를 아끼기 위해서

　③ 회사가 집에서 가까워서

　④ 버스 타는 것을 싫어해서

(2) 내가 하는 일이 아닌 것은 무엇이에요?   (   )

　① 일찍 자려고 합니다.

　② 가까운 거리는 걸어 다닙니다.

　③ 회사까지 지하철을 타고 갑니다.

　④ 일주일에 두세 번 운동을 합니다.

(3) 윗 내용에서 건강을 대한 관심을 정리해 보세요.

　_____.

(4) 건강을 유지하려면 우리는 어떻게 해야 해요?

　_____.

➢ 课堂练习

1. 알맞은 단어를 골라 빈칸을 채우십시오. (请选择适合的单词填空。)

(1) (　　　) 연습한 보람이 있어요.

　　① 가끔　　　　　　② 여전히　　　　　　③ 꾸준히　　　　　　④ 항상

(2) 나는 그의 제의를 (　　　) 받아들였어요.

　　① 부정적　　　　　② 긍정적　　　　　　③ 생산적　　　　　　④ 능동적

(3) 지금 하고 있는 일이 힘들면 (　　　)을/를 취할 필요가 있어요.

　　① 입장　　　　　　② 태도　　　　　　　③ 자세　　　　　　　④ 휴식

(4) 생활의 (　　　)을/를 되찾는 시간이 좀 걸리겠지만 노력은 해 봐야 한다.

　　① 리듬　　　　　　② 장단　　　　　　　③ 박자　　　　　　　④ 선율

(5) 그에게는 우리 팀 리더가 될 자격이 (　　　).

　　① 넉넉하다　　　　② 충분하다　　　　　③ 만족하다　　　　　④ 풍족하다

2. 본문을 읽고 다음 질문을 답하십시오. (请阅读原文回答下列问题。)

(1) 건강을 유지하는 규칙적인 생활 습관은 몇 가지가 있어요?

　　_____.

(2) 왜 아침마다 정해진 시간에 맞춰 일어나야 해요?

　　_____.

(3) 왜 충분한 수면을 취해야 해요?

　　_____.

(4) 건강을 유지하려면 또 어떠한 생활 습관이 필요해요?

　　_____.

(5) 건강 유지에 왜 스트레스 푸는 것이 중요해요?

　　_____.

➤ 课后练习

1. 그림을 보고 알맞은 단어를 골라 다음 표를 완성하십시오. （请看图选择正确的单词完成下表。 ）

과로	유기농식품	우울증	비만
야채	오곡	건강 검진	영양제

2. [보기]와 같이 '-아/어/여지다'를 사용하여 다음 대화를 완성하십시오. （请用 "-아/어/여지다" 仿照例句完成对话。 ）

[보기] 가: 고장난 컴퓨터 수리했어요?
　　　나: <u>아직 안 고쳐졌어요</u>. (아직 안 고치다)

(1) 가: 신입생 환영회는 어디에서 하기로 했어요?

　　나:_____. (학교 옆 중국집으로 정하다)

(2) 가: 핸드폰에 무슨 문제가 있어요?

　　나:_____. (액정 깨다)

(3) 가: 전자렌인지를 써 보니까 어때요?

나:_____. (피자도 굽다)

(4) 가: 바이올린 줄이 4개 아니에요?

나:_____. (줄이 하나 끊다)

3. [보기]와 같이 바르게 연결하고 '-에 의해'를 사용하여 문장을 완성하십시오. （请正确连线后，用"-에 의해"仿照例句完成句子。）

모든 나라들이 협력	도시 전체가 파괴되었어요.
지속적인 노력	세계평화는 가능해요.
자연재해	그 과학 실험 결과는 결정되었어요.
부모님	그의 꿈이 현실이 피었어요.
연구진의 노력	아이의 특성은 영향을 받아요.

> 세계 평화는 모든 나라들이 협력에 의해 가능하다.

(1) _____.

(2) _____.

(3) _____.

(4) _____.

4. [보기]와 같이 다음 글을 읽고 '-라도/이라도'를 사용하여 질문과 대답을 하십시오. （请阅读下文，并用"-라도/이라도"仿照例句进行问答。）

> 오늘 쉬는 날이어서 친구가 집에 놀러 왔어요.
> 배고파요. 집에는 밥은 없고 라면만 있어요.
> 콜라 마시고 싶어요. 냉장고에 콜라는 없고 주스만 있어요.
> 심심해요. 드라마를 보려고 하는데 뉴스만 해요.
> 책을 보고 싶어요. 소설책은 없고 만화책만 있어요.
> 낮잠을 자고 싶어요. 담요는 없고 이불만 있어요.

(1) 가: 콜라는 없고 주스만 있는데 ＿＿＿＿＿＿＿＿＿＿＿＿＿＿＿?

　　나: ＿＿＿＿＿＿＿＿＿＿＿＿＿＿＿＿＿＿＿＿.

(2) 가: 드라마는 안 하고 뉴스만 하는데 ＿＿＿＿＿＿＿＿＿＿＿＿?

　　나: ＿＿＿＿＿＿＿＿＿＿＿＿＿＿＿＿＿＿＿＿.

(3) 가: 소설책은 없고 만화책만 있는데 ＿＿＿＿＿＿＿＿＿＿＿＿＿?

　　나: ＿＿＿＿＿＿＿＿＿＿＿＿＿＿＿＿＿＿＿＿.

(4) 가: 담요는 없고 이불만 있는데 ＿＿＿＿＿＿＿＿＿＿＿＿＿＿?

　　나: ＿＿＿＿＿＿＿＿＿＿＿＿＿＿＿＿＿＿＿＿.

5. [보기]와 같이 '-게 되다'를 사용하여 다음 문장을 완성하십시오. (请用 "-게 되다" 仿照例句，完成下列句子。)

[보기] <u>드디어 졸업하게 되었어요.</u> (졸업하다)

(1) 회사 일로 ＿＿＿＿＿＿＿＿＿＿＿＿＿＿＿. (출장을 가다)

(2) 나뭇잎이 ＿＿＿＿＿＿＿＿＿＿＿＿＿＿. (빨갛다)

(3) 제가 이 일을 ＿＿＿＿＿＿＿＿＿＿＿＿. (맡다)

(4) 드디어 그분을 ＿＿＿＿＿＿＿＿＿＿＿. (만나다)

6. 다음 문장을 한국어로 번역하십시오. (请将下列句子翻译成韩国语。)

(1) 字写得很工整。

　　＿＿＿＿＿＿＿＿＿＿＿＿＿＿＿＿＿＿.

(2) 我们的队长是通过投票选出的。

　　＿＿＿＿＿＿＿＿＿＿＿＿＿＿＿＿＿＿.

(3) 给你来杯茶?

　　＿＿＿＿＿＿＿＿＿＿＿＿＿＿＿＿＿＿.

(4) 通过不断地努力，减肥成功了。

　　＿＿＿＿＿＿＿＿＿＿＿＿＿＿＿＿＿＿.

> 提高练习

다음 글을 읽고 물음에 답하십시오. (阅读短文回答问题。)

우리는 왜 규칙적인 생활이 필요할까요? 규칙적인 생활은 생체 리듬을 만들고 학습의 효율도 높여 줍니다. 식사 시간이 들쭉날쭉해지고, 일어나는 시간이 (ㄱ) 변하면 생체의 리듬이 흔들립니다. 하루에 두끼라도 자신의 몸 상태에 맞춰 정해진 시간에 식사해야 합니다. 그렇지 않으면 건강은 당연히 나빠지게 됩니다. 그리고 하루의 리듬을 결정하는 것은 수면 시간입니다. 우리는 지금 숙제와 기타 활동을 하기 위해 정해진 수면 시간을 놓치는 생활을 하고 있습니다. 불규칙적인 수면 습관은 여러가지 스트레스에 시달리게 합니다. 가능하면 같은 시간에 잠자리에 들어서 하루 7시간의 수면 시간으로 생체 리듬을 유지하는 것이 좋습니다. 수면 시간을 지키고 규칙적인 식사는 공부에 잘 집중할 수 있는 최고의 방법입니다.

(1) (ㄱ)에 들어갈 알맞은 말을 고르십시오. (   )

　　① 천천히　　　　　② 급격히　　　　　③ 무난히　　　　　④ 영원히

(2) 이 글의 내용과 같은 것을 고르십시오.

　　① 규칙적인 생활은 학습 효율을 낮춰 줍니다.

　　② 하루에 5시간만 자도 생체 리듬을 유지할 수 있습니다.

　　③ 우리는 젊기 때문에 숙제와 기타 활동을 위해 밤을 새워도 됩니다.

　　④ 몸 상태에 맞춰 규칙적으로 식사하면 하루에 두끼 먹어도 됩니다.

(3) 규칙적인 생활를 하려면 어떻게 해야 합니까?

　　_____.

(4) 왜 규칙적인 생활 습관이 필요합니까?

　　_____.

주제4 자기 전에 핸드폰을 하지 마세요. 단원연습

1. 알맞은 단어를 골라 빈칸에 쓰십시오. (请选择正确的单词填入括号内。)

> 과제　규칙적　기운　급하다　거르다

(1) 그는 하루도 (　　　　)지 않고 매일 운동을 해요.

(2) 이번 주도 선생님께서 (　　　　)를 너무 많이 내 주셨어요.

(3) 그는 성격이 (　　　　)서 사소한 일에도 화를 잘 내요.

(4) 건강한 생활 습관과 (　　　　)인 운동을 유지하세요.

(5) 감기는 다 나았지만 몸은 여전히 (　　　　)이 없어요.

2. 다음 글에 알맞은 답을 고르십시오. (请选择合适的答案。)

(1) 스위치를 넣으면 기계가 자동으로 (　　　　).

　① 흔들려요　　② 작동해요　　③ 줄어요　　④ 움직여요

(2) 등교하기 전에 오늘 준비물을 꼭 (　　　　) 해요.

　① 근심해야　　② 고민해야　　③ 인정해야　　④ 확인해야

(3) 오늘은 너무 (　　　　)서 일찍 잤어요.

　① 피곤해　　② 겸손해　　③ 노력해　　④ 복잡해

(4) 이번 프로젝트를 마치는 데 일주일이면 (　　　　).

　① 넉넉해요　　② 흐뭇해요　　③ 충분해요　　④ 만족해요

(5) (　　　　) 책을 보면 눈 건강에 나빠요.

　① 서서　　② 누워서　　③ 앉아서　　④ 쓰러져서

(6) 추석 전에 기차표를 미리 예약하는 것이 (　　　　).

　① 어리석어요　　② 현명해요　　③ 기뻐요　　④ 소용 없어요

3. [보기]와 같이 다음 대화를 완성하십시오. (请仿照例句完成下列对话。)

> [보기] 가: <u>피곤해 보이는데</u> 집에 가서 쉬세요? (-아/어/여 보이다)
>
> 나: 아니에요, 저는 안 피곤해요.

(1) 가: _____. (-아/어/여 보이다)

　　나: 먹어 보세요. 안 매워요.

(2) 가: 저 먼저 집에 가도 되지요?

　　나: 아니요, _____. (-면/으면 안 되다)

(3) 가: 심심한데 밖에 나가 놀까요?

　　나: _____ 바람이 많이 불고 있어요. (정도)

(4) 가: 아까 영수 씨하고 뭘 하고 있었어요?

　　나: _____ 이야기를 하고 있었어요. (-에 대한)

(5) 가: 감기는 다 나았어요?

　　나: 약을 먹어도 _____. (-아/어/여야겠다)

(6) 가: 누가 저 도둑을 잡았어요?

　　나: _____ 도둑이 잡혔어요. (-에 의해)

4. [보기]와 같이 다음 문장을 바꾸십시오. (请仿照例句改写下列句子。)

> [보기] 요즘 스트레스를 많이 받아서 잠을 잘 못 자요.
>
> <u>요즘 스트레스를 많이 받아서 그런지</u> 잠을 잘 못 자요. (-아/어/여서 그런지)

(1) 세일 기간이어서 백화점에 사람이 정말 많네요.

_____ (-아/어/여서 그런지)

(2) 핸드폰을 잃어버렸는데 못 찾겠어요.

_____ (-아무리 -아/어/여도)

(3) 토픽 4급을 따면 한국 대학교에 진학할 수 있어요.

_____ (-아/어/여야)

(4) 시험 날짜는 다음 주로 정해요.

_____ (-아/어/여지다)

(5) 영수 씨 생일 파티에 못 갈 것 같으면 선물을 보내세요.

_____ (-라도/이라도)

(6) 이 가게는 불경기로 손님이 너무 없어서 문을 닫았습니다.

_____ (-게 되다)

5. 다음 글을 읽고 물음에 답하십시오. (阅读短文回答问题。)

규칙적인 생활을 하려면 첫 번째는 '만족감'을 충분하게 유지해야 합니다. 만족을 얻으려면 일을 해야 합니다. 사람은 일을 하지 않으면 절대로 삶에 대한 만족을 얻을 수 없습니다. 왜냐하면 '행복감'은 '고통'에서 오는 것이고 '일'을 하는 것은 '현실감'과 '성취감'을 주기 때문입니다. (ㄱ)기 때문에 일하는 시간을 정해서 일하는 시간에는 일을 해야 합니다. 두 번째는 많이 자야 합니다. 수면 시간이 충분해야 컨디션이 높아지고 피로도 사라집니다. 세 번째는 규칙적인 식사 조절이 필요합니다. 누구는 아침을 먹으면 피곤한 사람도 있고 누구는 기운이 나는 사람이 있다. 누구는 점심을 먹으면 식곤증에 시달리는 사람도 있고 누구는 상쾌해지는 사람이 있습니다. 때문에 '아침, 점심, 저녁' 시간을 지키면서 정량 식사를 고집할 필요가 없습니다. 그냥 자신의 몸 상태 변화에 맞춰 식단을 세우고 식사를 해도 됩니다.

(1) (ㄱ)에 들어갈 알맞은 말을 고르십시오. (   )

① 이렇   ② 그렇   ③ 저렇   ④ 어떻

(2) 규칙적인 생활의 첫 번째 방법은 무엇입니까?

_____ .

(3) 규칙적인 생활의 두 번째 방법은 무엇입니까?

_____ .

(4) 규칙적인 생활의 세 번째 방법은 무엇입니까?

_____ .

(5) 여러분들은 규칙적인 생활을 유지하기 위해 어떠한 노력을 할 겁니까?

_____ .

> 课堂练习

1. 알맞은 단어를 골라 빈칸을 채우십시오. (请选择适合的单词填空。)

(1) 올림픽에서 금메달을 (　　　　).

　　① 얻었어요　　　　② 가졌어요　　　　③ 땄어요　　　　④ 열었어요

(2) 오늘 일을 내일로 (　　　)지 마세요.

　　① 돌리　　　　　② 보　　　　　　③ 당기　　　　　④ 미루

(3) (　　　　) 자리를 잠시 피합시다.

　　① 잠깐　　　　　② 만약　　　　　③ 일단　　　　　④ 우선

(4) 이번 입학시험에 (　　　　).

　　① 떨어졌어요　　② 다했어요　　　③ 남았어요　　　④ 끝났어요

2. 본문을 읽고 다음 질문을 답하십시오. (请阅读原文回答下列问题。)

(1) 장치밍 씨는 지금 무엇을 하고 있어요?

　　_____.

(2) 장치밍 씨는 무슨 시험을 보았어요?

　　_____.

(3) 박시은 씨는 어떤 말로 위로해 주었어요?

　　_____.

(4) 장치밍 씨는 먼저 무엇부터 하려고 해요?

　　_____.

(5) 박시은 씨는 또 무엇을 잘 생각해 보라고 했어요?

　　_____.

> 课后练习

1. 알맞은 내용을 골라 문장을 완성하십시오. (选择正确的单词完成句子。)

> 만족하다   유쾌하다   속상하다   긴장하다   아쉽다

(1) 지금 생활에 충분히 _____.

(2) 시험을 볼 때 너무 _____지 마세요.

(3) 우리 가족은 오늘 바닷가에서 _____게 하루를 보냈어요.

(4) 물려받은 땅을 싼값에 팔기가 너무 _____.

(5) 이번 명절에는 고향에 못 내려갈 것 같아서 _____.

2. [보기]와 같이 '-는 중이다'를 사용하여 다음 대화를 완성하십시오. (请用 "-는 중이다" 仿照例句完成对话。)

> [보기] 가: 요즘 뭐 하고 있어요?
>
> 　　　나: 요리를 배우는 중이에요.

(1)가: 왜 답장이 없으세요? 제 문자 못 봤어요?

　　나: _____

(2)가: 지금 통화 괜찮아요?

　　나: _____

(3)가: 아까 왜 전화를 받지 않았어요?

　　나: _____

(4)가: 길이 왜 이렇게 막혀요?

　　나: _____

3. [보기]와 같이 '-ㄹ/을 리가 없다'를 사용하여 다음 문장을 완성하십시오. (请用 "-ㄹ/을 리가 없다" 仿照例句完成下列句子。)

> [보기] 지난 달에 산 컴퓨터인데 <u>고장 났을 리가 없어요</u>. (고장 났다)

(1) 이 영화는 사람들이 제일 많이 보는 영화니까 _____. (재미없다)

(2) 지금 오후 세 시이어서 우체국이 벌써 _____. (문을 닫았다)

(3) 영수가 고등학교 학생 때 _____. (우등생이었다)

(4) 두 사람이 오늘도 점심을 같이 먹었는데 _____. (헤어졌다)

4. [보기]와 같이 '나름'을 사용하여 다음 문장을 바꿔 보십시오. (请用 "나름" 仿照例句改写下列句子。)

> [보기] 나도 고민이 있어요.
> <u>나도 내 나름대로 고민이 있어요.</u>

(1) 저는 일을 하겠어요.

　　_____.

(2) 나도 귀여움을 받는 방법이 있어요.

　　_____.

(3) 사람은 누구나 세상을 살아가고 있어요.

　　_____.

(4) 누구나 꿈이 있어요.

　　_____.

5. [보기]와 같이 '-ㄴ/은/는지'로 문장을 완성하십시오. (请用 "-ㄴ/은/는지" 仿照例句完成句子。)

> [보기] (한국어 수업이 몇 시에 시작하다)
> <u>한국어 수업이 몇 시에 시작하는지 잘 몰라요.</u>
> <u>한국어 수업이 몇 시에 시작하는지 알아요.</u>

(1) (떡볶이를 어떻게 만들다)

                                                  .

_____ .

(2) (영희 씨가 어디에 갔다)

_____ .

_____ .

(3) (교통카드를 어디에서 사다)

_____ .

_____ .

(4) (베이징까지 얼마나 걸리다)

_____ .

_____ .

6. 다음 문장을 한국어로 번역하십시오. （请将下列句子翻译成韩国语。）

(1) 正在煮泡菜汤。

_____ .

(2) 听到那样的话，不可能感觉很好。

_____ .

(3) 他自己制定了一年的计划。

_____ .

(4) 你知道那个女人是谁吗?

_____ .

> **提高练习**

다음 글을 읽고 물음에 답하십시오. (阅读短文回答问题。)

> 처음 만난 사람과 친구가 되는 것은 쉽지 않습니다. (㉠) 그렇지만 쉽게 친구가 될
> 수 있는 방법이 있습니다. (㉡) 사람들은 자기 이야기를 잘 들어 주는 사람에게 쉽게
> 마음을 열기 때문입니다. (㉢) 그리고 그 사람의 눈을 보고 웃으면서 이야기하는 것
> 도 좋습니다. (㉣) 웃으면서 이야기하면 마음이 편해져서 금방 친해집니다.

(1) 다음 문장이 들어갈 곳을 고르십시오.

> 그것은 다른 사람의 이야기를 잘 들어 주는 것입니다.

　①㉠　　　　　　　②㉡　　　　　　　③㉢　　　　　　　④㉣

(2) 이 글의 내용과 같은 것을 고르십시오.
　① 친구가 되려면 친구와 자주 만나야 합니다.
　② 친구가 되려면 자기 이야기를 많이 해야 합니다.
　③ 눈을 보면서 이야기하면 빨리 친해질 수 있습니다.
　④ 재미있는 이야기를 하면 쉽게 친해질 수 있습니다.

(3) 쉽게 친구가 될 수 있는 방법은 무엇입니까?
　　_____.

(4) 왜 웃으면서 다른 사람과 이야기를 하면 금방 친해집니까?
　　_____.

5-2

➤ **课堂练习**

1. 알맞은 단어를 골라 빈칸을 채우십시오. (请选择适合的单词填空。)

(1) 차 한 잔 받으시고 (   ) 푸세요.

    ① 기분   ② 마음   ③ 생각   ④ 정서

(2) 다 커서도 반찬 투정을 하니 엄마가 화를 내는 것은 (   ).

    ① 싸요   ② 당연해요   ③ 바람직해요   ④ 알맞아요

(3) 그는 죽을 고비를 (   ) 넘긴 사람이에요.

    ① 무척   ② 상당히   ③ 수없이   ④ 넉넉히

(4) 이번 실수에 대해 (   ) 눈감아 주었어요.

    ① 굳이   ② 모처럼   ③ 겨우   ④ 일부러

(5) 옷에 묻은 흙먼지를 탈탈 (   )고 있어요.

    ① 털   ② 떨   ③ 채   ④ 덜

2. 본문을 읽고 다음 질문을 답하십시오. (请阅读原文回答下列问题。)

(1) 장치밍 씨는 요즘 무엇을 해요?

    _____.

(2) 장치밍 씨는 무슨 고민이 있어요?

    _____.

(3) 선배의 축구 실력은 어때요?

    _____.

(4) 선배는 왜 넘어지는 것을 두려워 하지 않아요?

    _____.

(5) 축구 할 때 넘어지는 것은 무엇과 같아요?

    _____.

➤ 课后练习

1. 맞는 것끼리 연결하고 문장을 완성하십시오. (连线完成句子。)

내성적	• 여러 사람과 쉽게 잘 사귀는 것
외향적	• 겉으로 드러내지 않고 마음속으로만 생각하는 것
사교적	• 대상에 대한 태도가 긍정적이고 능동적인 것
적극적	• 바깥으로 드러내고 마음의 움직임을 적극적으로 나타내는 것
느긋하다	• 환하게 밝은 것
명랑하다	• 마음에 흡족하여 여유가 있고 넉넉한 것
덜렁거리다	• 변하기 쉬운 태도나 성질이 있는 것
변덕스럽다	• 침착하지 못하고 자꾸 가볍게 행동하는 것

(1) 영수는 _____이고 말수가 적어 친구가 많지 않아요.

(2) 그는 성격이 밝고 _____ 친구들에게 인기가 많아요.

(3) 서두르지 말고 _____게 순서를 기다리세요.

(4) 그녀는 _____이어서 우리 회사에서 업무 실적이 제일 좋은 사원이에요.

(5) 그는 늘 _____ 실수가 잦아요.

(6) 동생은 _____이고 활달한 성격이에요.

(7) 사람이 너무 _____면 믿음이 잘 가지 않아요.

(8) 회원 여러분의 _____ 참여를 간절히 부탁합니다.

2. [보기]와 같이 '-다가'를 사용하여 다음 문장을 완성하십시오. (请用 "-다가" 仿照例句完成下列句子。)

> [보기] 드라마를 보다 / 울다
> <u>드라마를 보다가 울었어요.</u>

(1) 친구하고 얘기하다 / 싸우다

_____ .

(2) 저녁을 먹다 / 전화를 받다

_____.

(3) 숙제하다 / 자다

_____.

(4) 학교에 가다 / 초등학교 친구를 만나다

_____.

3. [보기]와 같이 '-처럼'을 사용하여 다음 대화를 완성하십시오. (请用 "-처럼" 仿照例 句完成下列对话。)

> [보기] 가: 날씨가 춥지요?
>
> 　　　나: 네, 가을인데 <u>겨울처럼 추워요</u>.

(1) 가: 영수 씨가 중국어를 잘해요?
　　나: 네, _____.
(2) 가: 동생은 키가 커요?
　　나: 네, _____.
(3) 가: 친구가 오늘도 집에 놀러 왔어요?
　　나: 네, _____.
(4) 가: 제주도는 경치가 좋아요?
　　나: 네, _____.

4. [보기]와 같이 '-기에'로 다음 문장을 바꿔 보십시오. (请用 "-기에" 仿照例句改写下 列句子。)

> [보기] 귀한 손님이 오기 때문에 달려 나갔어요.
>
> 　　　<u>귀한 손님이 오셨기에 달려 나갔어요.</u>

(1) 어제는 어디에 가서서 전화도 안 받으셨어요?

_____.

(2) 날씨가 더워서 창문을 열었어요.

_____.

(3) 약속 시간에 늦어서 택시를 탔어요.

　　　_____.

(4) 맛있어 보여서 좀 사 왔어요.

　　　_____.

5. [보기]와 같이 '-았/었/였다가'를 사용하여 다음 대화를 완성하십시오. (请用 "-았/었/였다가" 仿照例句完成下列对话。)

> [보기] 가: 왜 오늘 정장에 운동화를 신었어요?
>
> 　　　나: <u>구두를 신었다가 발이 아파서 운동화를 신었어요.</u> (신다)

(1) 가: 왜 버스에서 내렸어요?

　　나: 버스를 _____ 잘못 타서 내렸어요? (타다)

(2) 가: 왜 중국어 배우러 학원에 안 다녀요?

　　나: 학원에 _____ 회사 일이 힘들어서 그만두었어요. (다니다)

(3) 가: 영수 씨는 어떻게 하다가 발목을 다쳤어요?

　　나: 축구를 _____ 넘어져서 다쳤어요. (하다)

(4) 가: 바깥 경치가 좋은데 왜 창문 옆 자리에 안 앉아요?

　　나: 창문 옆에 _____ 너무 추워서요. (앉다)

6. 다음 문장을 한국어로 번역하십시오. (请将下列句子翻译成韩国语。)

(1)天空晴朗，却突然间下雨了。

　　_____.

(2)我的朋友像狐狸一样聪明。

　　_____.

(3)因为花很漂亮，所以买了一朵。

　　_____.

(4)买了房子，因为着急用钱又卖掉了。

　　_____.

> 提高练习

다음 글을 읽고 물음에 답하십시오. (阅读短文回答问题。)

성공을 이끄는 중요한 요인에는 '건강한 몸'도 포함되어 있습니다. 그래서 요즘 사람들은 건강에 관심이 아주 많습니다. 때문에 매일 운동을 하는 사람들도 있습니다. (ㄱ) 매일 두세 시간씩 심하게 운동하는 것은 건강에 좋지 않습니다. 우리 몸도 쉴 시간이 필요하기 때문입니다. 일주일에 5일 정도만 운동하고 이틀은 푹 쉬십시오. 그러면 여러분의 몸이 더 건강해질 것이고 건강하면 성공을 위하여 노력할 때 힘들어도 더 오래 동안 지탱할 수 있기 때문입니다.

(1)(ㄱ)에 들어갈 알맞은 말을 고르십시오.   (   )

　① 그래서　　　　　② 그리고　　　　　③ 그러나　　　④ 그러니까

(2)이 글의 내용과 같은 것을 고르십시오.   (   )

　① 일주일에 이틀은 오래 운동하는 것이 좋습니다.

　② 건강한 사람들은 하루에 두세 시간씩 운동합니다.

　③ 쉬지 않고 매일 운동하는 것은 건강에 안 좋습니다.

　④ 건강에 관심이 많은 사람들은 심하게 운동을 합니다

(3) 일주일에 며칠 정도 운동하는 것이 좋습니까?

　　　_____.

(4) 사람들은 요즘 왜 건강에 관심이 많아졌습니까?

　　　_____.

> 课堂练习

1. 알맞은 단어를 골라 빈칸을 채우십시오. (请选择适合的单词填空。)

(1) 일이 그렇게 된 것은 (　　　) 제 잘못이에요.

    ① 드디어　　　　　② 결국　　　　　③ 마지막　　　　④ 나중

(2) 결정했으면 망설이지 말고 (　　　) 실행합시다.

    ① 과감히　　　　　② 자세히　　　　　③ 조용히　　　　④ 영원히

(3) 실패해도 (　　　) 포기하지 마세요.

    ① 결코　　　　　　② 반드시　　　　　③ 절대　　　　　④ 꼭

(4) (　　　) 다시 만날 날이 있겠지요.

    ① 언젠가　　　　　② 어느새　　　　　③ 언제　　　　　④ 언제나

(5) 밤하늘에는 (　　　) 별들이 떠 있어요.

    ① 넘치는　　　　　② 넉넉한　　　　　③ 대단한　　　　④ 수많은

2. 본문을 읽고 다음 질문을 답하십시오. (请阅读原文回答下列问题。)

(1) 실패 관련 속담을 써 보세요.

    _____.

(2) 오빠는 무슨 운동을 좋아합니까?

    _____.

(3) 오빠의 꿈은 무엇입니까?

    _____.

(4) 어머니는 왜 직장을 그만두었습니까?

    _____.

(5) 실패는 어떻게 극복해야 합니까?

    _____.

➤ 课后练习

1. 알맞은 내용을 골라 문장을 완성하십시오. (选择正确的单词完成句子。)

성공을 거두다	부지런하다	게으르다
최선을 다하다	고진감래	좌절하다

(1) _____라고 이렇게 좋은 일도 있군요.

(2) 영수는 _____ㄴ/은 소처럼 일만 해요.

(3) 언니는 자기 일에 항상 _____.

(4) _____ㄴ/은 사람은 성공할 수 없어요.

(5) 그는 수많은 실패에도 _____지 않고 다시 일어섰어요.

(6) 프로 야구에 뛰어든 그는 큰 _____.

2. [보기]와 같이 '-라는'을 사용하여 다음 문장을 완성하십시오. (请用语法 "-라는" 仿照例句完成下列句子。)

> [보기] 지금 모든 사람들이 <u>김영수라는</u> 사람을 찾고 있어요. (김영수)

(1) 한국말에는 _____라는 속담이 있어요. (실패는 성공의 어머니)

(2) _____라는 이름으로 상대를 구속하지 마세요. (사랑)

(3) 영수의 _____라는 사실을 아무도 인정하려 하지 않아요. (잘못이 아니다)

(4) 아이는 _____라는 환경에 맞춰 감정 반응 패턴을 만들어 가요. (부모)

3. [보기]와 같이 '-기로 하다'를 사용하여 다음 대화를 완성하십시오. (请用语法 "-기로 하다" 仿照例句完成下列对话。)

> [보기] 가: 내일 주말에 뭐 해요?
> 　　　 나: <u>친구하고 쇼핑하기로 했어요.</u>

(1) 가: 방학 때 뭐 할 거예요?

　　 나: 친구하고 _____.

(2) 가: 내일 영희 씨 만나지요?

　　나: 네, _____.

(3) 가: 이번 금요일에 약속이 있어요?

　　나: 네, 동생하고 _____.

(4) 가: 언제 이사 가세요?

　　나: 다음 주 토요일에 _____.

4. [보기]와 같이 관계 있는 말을 연결하고 '-아/어/여 내다'를 사용하여 문장을 완성하십시오. (请完成相关连线，用 "-아/어/여 내다" 仿照例句完成下列句子。)

출산의 고통을　　　　　　　　　　만들다
기적을　　　　　　　　　　　　　　밝히다
병의 원인을　　　　　　　　　　　참다
상대 선수들의 공격을　　　　　　　막다
난치병을　　　　　　　　　　　　이기다

[보기] 아내는 출산의 고통을 참아 냈어요.

(1) _____.

(2) _____.

(3) _____.

(4) _____.

5. [보기]와 같이 '-는/은/ㄴ 만큼'을 사용하여 다음 문장을 바꿔 보십시오. (请用 "-는/은/ㄴ 만큼" 仿照例句改写下列句子。)

[보기] 과학이 빠르게 발전하다 / 환경 오염 문제가 해결될 가능성이 아주 높다
　　　 과학이 빠르게 발전하는 만큼 환경 오염 문제가 해결될 가능성이 아주 높아요.

(1) 제일 비싼 컴퓨터 / 성능도 제일 뛰어나다

　　_____.

(2) 휴식 공간 / 공공질서를 잘 지키다

　　_____.

(3) 팬들에게 약속하다 / 앞으로 열심히 하겠다

　　_____.

(4) 경제 상황이 안 좋다 / 직원들도 이해해 줄 것이다

　　　_____.

6. 다음 문장을 한국어로 번역하십시오. (请将下列句子翻译成韩国语。)

(1) 今年暑假决定和朋友一起去济州岛。

　　　_____.

(2) 我找到了这道题的解法。

　　　_____.

(3) 金老师培养了很多学生。

　　　_____.

(4) 今天是英姬你的生日，你想做什么就做什么。

　　　_____.

> **提高练习**

다음 글을 읽고 물음에 답하십시오. (阅读短文回答问题。)

　　우리는 쉽게 포기하지 않고 어려움을 극복해야 합니다. 어려움이 와도 그것은 우리가 더 강해지는 기회입니다. 어려운 일을 겪으면 우리는 그 문제를 해결하는 방법을 배우게 됩니다. 이것은 우리가 성장하고 발전하는 과정입니다.

　　(ㄱ)라는 속담은 이런 생각을 가르쳐 줍니다. 이 속담은 어려움을 견디고 노력한 끝에 좋은 결과가 있을 것이라는 뜻입니다. 우리는 이 속담을 통해 힘든 일에 대처하는 방법을 배울 수 있습니다.

　　어려움이 왔을 때 우리는 용기를 가지고 앞으로 나아가야 합니다. 그러면 결국 우리는 좋은 결과를 이룰 수 있을 것입니다. 이런 생각으로 모두가 행복하고 성공적인 삶을 살 수 있기를 바랍니다.

(1) (ㄱ)에 들어갈 알맞은 속담을 고르십시오.　　　　　　　　(　　)

　　① 원숭이도 나무에서 떨어진다.

② 금강산도 식후경이다.

③ 누워서 떡 먹기

④ 고생 끝에 낙이 온다.

(2) 위의 글에서 말하는 속담의 의미는 무엇입니까?

　　_____.

(3) 어려움이 왔을 때 우리는 어떻게 해야 합니까?

　　_____.

(4) 아래 문장을 번역하십시오.

　　우리는 쉽게 포기하지 않고 어려움을 극복해야 합니다. 어려움이 와도 그것은 우리가 더 강해지는 기회입니다. 어려운 일을 겪으면 우리는 그 문제를 해결하는 방법을 배우게 됩니다. 이것은 우리가 성장하고 발전하는 과정입니다.

　　_____.

　　_____.

　　_____.

　　_____.

주제5 고생 끝에 낙이 온다. 단원연습

1. 알맞은 단어를 골라 빈칸에 쓰십시오. (请选择正确的单词填入括号内。)

> 적극적   과감히   마찬가지   당연하다   버리다   미루다

(1) 나쁜 소비 습관은 (   ) 버려야 해요.

(2) 고생한 만큼 돈을 버는 것은 (   ) 일이다.

(3) 개학 날짜를 3월까지 결국 (   )었어요.

(4) 저도 영수 씨와 (   )로 술을 마시지 못해요.

(5) (   )인 사고방식이 성공 인생을 만들어요.

(6) 휴지를 휴지통에 (   ) 주세요.

2. 다음 글에 알맞은 답을 고르십시오. (请选择合适的答案。)

(1) 책장에 놓여 있는 금메달을 볼 때마다 가슴이 (   ).

　　① 보람차요　　　　② 흐뭇해요　　　　③ 뿌듯해요　　　　④ 눈물이 나요

(2) 나는 나의 잘못을 (   )고 친구에게 사과했어요.

　　① 낙심하　　　　② 반성하　　　　　③ 버리　　　　　　④ 속상하

(3) 모든 코스를 (   ) 사람에게는 메달과 상품을 줘요.

　　① 피곤한　　　　② 대단한　　　　　③ 존경스러운　　　④ 완주한

(4) 장학금을 못 받아서도 너무 (   )지 마세요.

　　① 낙심하　　　　② 유쾌하　　　　　③ 아쉽　　　　　　④ 긴장하

(5) 그는 친구를 (   ) 만큼 나쁜 사람이 아니에요.

　　① 떨어질　　　　② 배신할　　　　　③ 그만둘　　　　　④ 결정할

(6) 영수 씨는 어떤 (   )도 두려워하지 않아요.

　　① 흥분　　　　　② 원망　　　　　　③ 도전　　　　　　④ 만족

3. [보기]와 같이 다음 대화를 완성하십시오. (请仿照例句完成下列对话。)

> [보기] 가: 영수가 이번 프로젝트를 포기했다고 해요?
>
> 나: 그렇게 책임감 있는 사람이 <u>포기했을 리가 없어요</u>. (-ㄹ/을 리가 없다)

(1) 가: 저 전학생 이름이 뭐예요?

　　나: 저도 전학생 이름이 ＿＿＿＿＿＿＿＿＿＿. (-ㄴ/은/는지)

(2) 가: 저 친구가 이번 대학 입학시험에서 떨어졌어요.

　　나: 열심히 공부했는데 ＿＿＿＿＿＿＿＿＿＿. (-ㄹ/을 리가 없다)

(3) 가: 오늘 원피스를 이렇게 많이 샀어요?

　　나: 네, ＿＿＿＿＿＿＿＿＿ 사고 싶었던 옷을 몇 벌 샀어요. (-기에)

(4) 가: 영수가 그 문제 답을 ＿＿＿＿＿＿＿＿＿?

　　나: 네, 밤새 인터넷을 뒤져서 ＿＿＿＿＿＿＿＿＿. (-아/어/여 내다)

(5) 가: 영수 씨 집 냉장고가 왜 이렇게 커요?

　　나: ＿＿＿＿＿＿＿＿＿ 냉장고도 커요. (-는/은/ㄴ 만큼)

(6) 가: 오늘 뭐 해요?

　　나: 오늘은 기운이 없어서 ＿＿＿＿＿＿＿＿＿. (-기로 하다)

4. [보기]와 같이 다음 문장을 바꾸십시오. (请仿照例句改写下列句子。)

> [보기] 이 단어는 한국 노래를 배우면서 알게 되었어요.
>
> <u>이 단어는 한국 노래를 배우다가 알게 되었어요</u>. (-다가)

(1) 아까 저녁 식사 준비를 하고 있었어요.

＿＿＿＿＿＿＿＿＿＿＿＿＿＿＿. (-는 중이다)

(2) 이번에도 영수 씨가 전교 일등인데 꾸준히 열심히 노력한 결과예요.

＿＿＿＿＿＿＿＿＿＿＿＿＿＿. (나름)

(3)버스에서 내리면서 미끄러워서 다리를 다쳤어요.

＿＿＿＿＿＿＿＿＿＿＿＿＿＿. (-다가)

(4)저 친구는 매일 운동해요.

＿＿＿＿＿＿＿＿＿＿＿＿＿. (-처럼)

(5) 지난 겨울은 중국에 갔어요.

＿＿＿＿＿＿＿＿＿＿＿＿＿. (-았/었/였다가)

(6) 영수 씨의 '최애' 드라마는 뭐예요?

_____. (-(이)라는)

5. 다음 글을 읽고 물음에 답하십시오. (阅读短文回答问题。)

'실패는 성공의 어머니'라고 성공하는 데 있어서 실패 경험은 대단히 중요합니다. 실패는 분명 힘들고 아픈 경험입니다. (ㄱ) 실패할 수 있어도 자신에게 가치 있고 중요한 일이라면 도전을 해야 합니다. 도전을 하지 않으면 성공할 수 없기 때문입니다. 실패가 두려워 아무것도 하지 않으면 실패는 하지 않을 것입니다. (ㄴ) 실패가 두려워서 도전하지 않으면 성공할 수 있을까요? 우리는 의지만 있으면 실패는 성공을 위한 자양분이 될 수 있습니다. 어떻게 하면 성공하고 어떻게 하면 실패한다는 명확한 방법이 없습니다. 또 몇 번을 도전해야 성공한다는 것도 모릅니다. 성공을 위해서는 성공할 때까지 도전하는 방법밖에 없습니다. 다만 성공 확률을 높이기 위해서 도전하면서 많은 경험들을 쌓아야 합니다.

(1) (ㄱ)와 (ㄴ)에 동시에 들어갈 알맞은 말을 고르십시오.　　　　　　(　　　　)

　① 그리고　　　　　② 그래서　　　　　③ 그러면　　　　④ 그렇지만

(2) 성공하려면 무엇도 필요합니까?

　_____.

(3) 성공을 하려면 어떻게 해야 합니까?

　_____.

(4) 아래 문장을 중국어로 번역하십시오.

① 이렇게 하면 성공히고 어떻게 하면 실패한다는 명확한 방법이 없습니다.

　_____.

② 또 몇 번을 도전해야 성공한다는 것도 모릅니다.

　_____.

③ 성공을 위해서는 성공할 때까지 도전하는 방법밖에 없습니다.

　_____.

6-1

> 课堂练习

1. 알맞은 단어를 골라 빈칸을 채우십시오. (请选择核实的单词填入下列括号内。)

(1) 부모님께서는 늘 다른 곳에서 일하는 자식을 (   ).

　① 좋아합니다　　　② 걱정합니다　　　③ 부릅니다　　　④ 전화합니다

(2) 선생님께서는 이번 회의에 (   ).

　① 생각합니다　　　② 출석했습니다　　③ 후회했습니다　　④ 고민합니다

(3) 젊었을 때 노력하면 나중에 (   ).

　① 후회할 겁니다　　　　　　　　② 걱정할 겁니다

　③ 후회하지 않습니다　　　　　　④ 걱정하지 않습니다

(4) 취직할 때 (   ) 회사에 가세요.

　① 적성에 맞은　　② 타당한　　　③ 일이 많은　　　④ 대중적인

2. 본문을 읽고 질문을 답하십시오. (请阅读原文回答下列问题。)

(1) 시은 씨는 아르바이트를 해 본 적이 있어요?

　_____.

(2) 누가 아르바이트를 해 본 적이 있어요?

　_____.

(3) 아르바이트가 어려운 일이에요?

　_____.

(4) 아르바이트를 하는 가치가 무엇입니까?

　_____.

(5) 시은 씨는 아르바이트를 하면 후회할 거예요?

　_____.

➢ 课后练习

1. 알맞은 단어를 골라 빈칸을 채우십시오. (请选择适合的单词填入下列括号内。)

> 고민하다   사귀다   지각하다   축제

(1) 마음속으로 괴로워하고 애를 태우다   (   )

(2) 서로 얼굴을 익히고 친하게 지내다   (   )

(3) 정해진 시각보다 늦게 출근하다   (   )

(4) 축하하여 벌이는 큰 규모의 행사   (   )

2. [보기]와 같이 '-기는 하지만'을 이용하여 다음 문장을 완성하십시오. (请用 "-기는 하지만" 仿照例句完成下列句子。)

> [보기] 이 옷이 <u>좋기는</u> 하지만 조금 커요. (좋다)

(1) 그 여자가 매일 한국 드라마를 _____ 한국말 하나도 몰라요. (보다)

(2) 베이징 오리구이가 _____ 너무 맛있어요. (비싸다)

(3) 저는 사회봉사 동아리에 _____ 사회 봉사활동을 한번도 하지 못했어요. (참각하다)

(4) 이 관광지의 경치가 너무 _____ 입장권이 너무 비싸요. (아름답다)

3. [보기]와 같이 '-그리 -지 않다'를 이용하여 다음 문장을 완성하십시오. (请用 "-그리 -지 않다" 仿照例句完成下列句子。)

> [보기] 일요일 아침에 교통이 <u>그리 복잡하지 않습니다</u>.

(1) 우리 동아리의 회원이 되려면 _____.

(2) 치밍의 키가 _____.

(3) 베이징의 날씨가 _____.

(4) 그 여자의 목소리가 _____.

4. [보기]와 같이 '-을/를 통해서'를 이용하여 다음 문장을 연결하십시오. (请用 "-을/를 통해서" 仿照例句连接下列句子。)

> [보기] 한국어를 공부합니다. / 한국 역사를 많이 알았습니다.
>   한국어 공부를 통해서 한국 역사를 많이 알았습니다.

(1) 어제 신문을 읽었습니다. / 그 소식을 알았습니다.

   _____.

(2) 태권도 동아리에 참가합니다. / 태권도 관련 지식을 많이 배웠습니다.

   _____.

(3) 한국어 드라마를 자주 봅니다. / 한국 문화를 알았습니다.

   _____.

(4) 운동을 합니다. / 스트레스를 풀었습니다.

   _____.

5. [보기]와 같이 '얼마나 -ㄴ/은/는/ㄹ/을지 모르다/알다'를 이용하여 다음 대화를 완성하십시오. (请用 "얼마나 -ㄴ/은/는/ㄹ/을지 모르다/알다" 仿照例句完成下列对话。)

> [보기] 가: 여동생이 귀여워요?
>   나: 네, 얼마나 귀여운지 몰라요.

(1)가: 직장생활이 어때요?

   나: _____.

(2)가: 계림산수의 경치가 너무 예쁘지요?

   나: 네, _____.

(3) 가: 한국어가 어려워요?

　　나: _____.

(4) 가: 그 영화가 어때요?

　　나: _____.

6. 다음 문장을 한국어로 번역하십시오. (请将下列句子翻译成韩国语。)

(1) 四川料理好吃是好吃，就是有点辣。

　　_____.

(2) 那个问题不太难。

　　_____.

(3) 通过这本书我明白了生命的价值。

　　_____.

(4) 留学生活别提有多辛苦了。

　　_____.

➢ **提高练习**

다음 글을 읽고 물음에 답하십시오. (阅读短文回答问题。)

> 　요즘 20대들이 회사에 입사한 지 얼마 되지 않아 회사를 그만두는 경우가 많다. 회사가 이런 문제를 해결하기 위해 여행권, 해외연수 등 여러 대책을 실시하였지만 효과가 없다. 어쩔 수 없으니 어떤 회사가 인턴이나 알바생을 많이 모집하기 시작한다. 하지만 인턴과 알바생들이 직장 경험과 봉사 정신도 <u>부족해서</u> 간단한 회사일을 완성할 수 있는데 복잡한 회사일을 잘 하지 못한다. 따라서 많은 회사는 어떻게 하면 회사원들이 회사를 (ㄱ)지 않도록 할 것인지를 고민하고 있다.

(1) 요즘 회사가 무슨 어려움에 부딪쳤습니까?　　　　　　　　　　　(　　)

　　① 회사원의 요구가 많아집니다.　　　　② 인턴이 많아집니다.

　　③ 회사원이 부족합니다.　　　　　　　④ 알바생이 부족합니다.

(2) (　ㄱ　)에 알맞은 내용을 고르십시오.

　① 취직하　　　　　② 떠나　　　　　③ 입사하　　　　④ 찾

(3) 다음 문장은 읽기 내용과 맞는 것을 고르십시오.　　　　　　　　　　（　　　）

　① 기업들이 취업 대책을 많이 실시한다.

　② 20대들이 자주 해외여행을 간다.

　③ 실습생과 알바생은 경험이 부족하는데 봉사 정신이 있다.

　④ 실습생과 알바생들이 회사원 부족한 것에 대해 도움이 있다.

(4) 밑줄 친 부분의 내용을 바꿀 수 있는 것을 고르십시오.　　　　　　　（　　　）

　① 많다　　　　　　　　　② 풍부하다

　③ 적다　　　　　　　　　④ 없다

6-2

➢ **课堂练习**

1. 알맞은 단어를 골라 빈칸을 채우십시오. (请用适合的单词填入下列括号。)

(1) 할머니께서는 어디서나 옷을 (   ) 입으신다.

    ① 맑게   ② 깔끔히   ③ 편리하게   ④ 쉽게

(2) 치밍 씨는 룸을 (   )고 있습니다.

    ① 치우   ② 버리   ③ 옮기   ④ 내리

(3) 이 것은 치밍 씨에게 (   ) 선물입니다.

    ① 받은   ② 준비한   ③ 약속한   ④ 완비한

(4) 많이 피곤하지요? 빨리 여기서 (   ) 보충하세요.

    ① 능력   ② 힘   ③ 에너지   ④ 기능

2. 본문을 읽고 질문을 답하십시오. (请阅读原文回答下列问题。)

(1) 링이 씨는 요즘 뭐 했어요?

    _____.

(2) 링이 씨는 누구랑 같이 사회 봉사활동을 참각했어요?

    _____.

(3) 봉사활동은 어디에서 했어요?

    _____.

(4) 어떤 봉사활동을 했어요?

    _____.

(5) 봉사활동은 많이 힘들지요?

    _____.

➢ 课后练习

1. 알맞은 단어를 골라 빈칸을 채우십시오. (请用适合的单词填入下列括号内。)

> 환경보호　　협회　　재활용　　낮다

(1) 같은 목적을 가진 사람들이 설립하여 유지해 나아가는 모임　　　　(　　)

(2) 자연환경의 오염을 막기 위해서 환경을 잘 보존하는 일　　　　(　　)

(3) 폐품 따위를 용도를 바꾸거나 가공하여 다시 씀　　　　(　　)

(4) 더 좋거나 앞서 있다　　　　(　　)

2. [보기]와 같이 '-랑/이랑'을 이용하여 다음 문장을 완성하십시오. (请用 "-랑/이랑" 仿照例句完成下列句子。)

> [보기] 어제 친구랑 백화점에 가서 쇼핑했어요.

(1) 시간이 있을 때 내가 자주 _____ 영화를 보러 가요.

(2) 시은 씨는 _____ 같이 도서관에 갔어요.

(3) 그 여자가 _____ 친하지 않습니다.

(4) 중국 문화랑 _____ 달라요.

3. [보기]와 같이 '-던'을 이용하여 다음 문장을 완성하십시오. (请用 "-던" 仿照例句完成下列句子。)

> [보기] 언니가 입던 치마를 여동생에게 주었어요. (입다)

(1) 제가 어릴 때 _____ 자전거가 어디 놓았어요? (타다)

(2) 우리는 같이 술을 _____ 술집이 아직도 있어요? (마시다)

(3) 고등학교 때 제일 _____ 배우가 지금 인기가 없어요. (좋아하다)

(4) 제가 지금 사는 도시는 어릴 때 제일 _____ 곳입니다. (가고 싶다)

4. [보기]와 같이 '-았/었/였겠-'을 이용하여 다음 대화를 완성하십시오. （请用 "-았/었/였겠-" 仿照例句完成下列对话。）

> [보기] 가: 주말에 그곳에 가면 사람이 많았겠어요.
> 　　　 나: 네, 주말이어서 사람이 아주 많았어요.

(1) 가: _____.

　　 나: 네, 그 여자의 친구가 많이 있어요.

(2) 가: _____.

　　 나: 네, 너무 어려웠어요.

(3) 가: _____.

　　 나: 아니요, 한국에 안 가 봤어요.

(4) 가: _____.

　　 나: 네, 어제 시은 씨에게 전화했어요.

5. 다음 도표 안의 빈칸을 잘 채우십시오. （请将下列表格补充完整。）

	-ㅂ/습니다	-아/어요	-았/었습니다	-ㄹ/을 겁니다
낫다	낫습니다			
짓다		지어요		
젓다			저었습니다	
붓다				부을 겁니다
잇다				

6. 다음 문장을 한국어로 번역하십시오. （请将下列句子翻译成韩国语。）

(1) 每天努力工作的话，一切就都会好起来的。

_____

(2) 最近诗恩一定很辛苦吧。

_____

(3) 上次我们一起看的那个电影现在能用手机看了。

_____

(4)昨天我和朋友一起去游泳了。

　　　　　　　　　　　　　　　　　　　　　.

> **提高练习**

다음 글을 읽고 물음에 답하십시오. (阅读短文回答问题。)

　　요즘 직장인들은 '사회 봉사활동'을 많이 관심합니다. 하지만 실제로 회사의 일이 많아서 '사회 봉사활동'에 (ㄱ)지 못합니다. 그래서 그들은 여유시간을 이용하여 '사회 봉사 협회'에 가입하고 주말 등 여유시간으로 사회 봉사의 꿈을 실천합니다.

(1)요즘 직장인들은 무슨 꿈이 있습니까?

　　　　　　　　　　　　　　　　　　　　　.

(2) (ㄱ)에 알맞은 단어를 고르십시오.

　　① 취직하　　　　　② 떠나　　　　　③ 참각하　　　　④ 들어가

(3) 요즘 직장인들은 무슨 시간을 이용하여 사회 봉사활동을 실시합니까?

　　　　　　　　　　　　　　　　　　　　　.

(4) 직장인들은 무슨 방식으로 사회 봉사활동을 합니까?

　　　　　　　　　　　　　　　　　　　　　.

➢ 课堂练习

1. 알맞은 단어를 골라 빈칸을 채우십시오. (请用适当的单词填入括号内。)

(1) 할머니께서는 의사의 꿈을 (   ) 교사가 되었습니다.

　① 선택하고　　　　　② 포기하고　　　　　③ 이용하고　　　④ 노력하고

(2) 우리는 다 (   ) 사람입니다.

　① 신기한　　　　　② 거만한　　　　　③ 평범한　　　④ 외로운

(3) 적당한 운동은 노인에게 (   ) 영향을 미칠 수 있습니다.

　① 부정한　　　　　② 긍정한　　　　　③ 낙관적　　　④ 정직한

(4) 어려움이 닥쳐도 우리는 다 (   ) 버텨야 합니다.

　① 굳세게　　　　　② 평범하게　　　　　③ 편리하게　　　④ 쉽게

2. 본문을 읽고 다음 질문을 답하십시오. (请阅读原文回答下列问题。)

(1) 도쿄 패럴림픽은 언제 개최되었습니까?

　_____.

(2) 노동이라는 선수는 언제 어디에서 태어났습니까?

　_____.

(3) 도쿄 패럴림픽에서 노동이라는 선수는 금메달을 몇 개 획득하였습니까?

　_____.

(4) 노동은 '팔이 없는 인어'이라는 칭찬에 대해 무슨 말을 했습니까?

　_____.

(5) 노동은 현대 중국 청년의 무슨 정신을 보여줍니까?

　_____.

> 课后练习

1. 알맞은 단어를 골라 빈칸을 채우십시오. (请用适当的单词填入下列括号内。)

> 낙관적   포용력   응원하다   반칙하다

(1) 인생이나 사물을 밝고 희망적인 것으로 보는 것   (   )
(2) 선수들이 힘을 낼 수 있도록 도와주다   (   )
(3) 남을 너그럽게 감싸 주거나 받아들이다   (   )
(4) 법칙이나 규정, 규칙 따위를 어기다   (   )

2. [보기]와 같이 '-ㄹ/을 뻔하다'를 이용하여 다음 문장을 완성하십시오. (请用 "-ㄹ/을 뻔하다" 仿照例句完成下列句子。)

> [보기] 아침에 늦게 일어나서 <u>학교에 지각할 뻔했어요.</u>

(1) 어제 폭우가 내려서 _____.
(2) 아버지께서는 대학교 다니었을 때 자신의 꿈을 _____.
(3) 이번의 기말시험이 _____.
(4) 이 지식을 오랜 동안 사용하지 않아서 _____.

3. [보기]와 같이 '-며/으며'를 이용하여 다음 문장을 완성하십시오. (请用 "-며/으며" 仿照例句完成下列句子。)

> [보기] 우리 학교는 <u>조용하며</u> 아름답습니다. (조용하다)

(1) 그 여자가 밥을 _____ 영화를 봅니다. (먹다)
(2) 이 룸은 제가 잠을 자는 곳_____ 학습하는 곳입니다. (이다)
(3) 여기의 날씨가 _____ 춥습니다. (건조하다)
(4) 나는 아침 식사를 _____ 신문을 봅니다. (하다)

4. [보기]와 같이 '-가/이 아니라'를 이용하여 다음 대화를 완성하십시오. (请用 "-가/이 아니라" 仿照例句完成下列对话。)

> [보기] 가: 이것은 한국 음식입니까?
>
> 　　　 나: 한국 음식이 아니라 일본 음식입니다.

(1)가: 치밍 씨는 오늘 한국에 갈 겁니까?

　　 나: _____.

(2)가: 그 남자가 시은 씨의 남자친구예요?

　　 나: _____.

(3)가: 링이 씨는 한국어 전공을 선택했어요?

　　 나: _____.

(4)가: 할아버지께서는 의사이십니까?

　　 나: _____.

5. [보기]와 같이 '-라고/이라고'를 이용하여 다음 문장을 연결하십시오. (请用 "-라고/이라고" 仿照例句连接下列句子。)

> [보기] 오빠가 물었습니다. / 한국어 공부가 어때요?
>
> 　　　 오빠가 '한국어 공부가 어때요?'라고 물었습니다.

(1) 가이드는 말했습니다. / 중국에 오신 것을 환영합니다.

　　 _____.

(2) 선생님께서는 나에게 물었습니다. / 이번 시험이 어려워요?

　　 _____.

(3) 링이 씨는 시은 씨한테 물었습니다. / 봉사활동을 해 봤어요?

　　 _____.

(4) 그들은 즐겁게 이야기를 했습니다. / 여름 방학 때 어디로 여행을 갑니까?

　　 _____.

6. 다음 문장을 한국어로 번역하십시오. (请将下列句子翻译成韩国语。)

(1) 父母每天都跟我说："快点起床，上课要迟到了！"

　　_____.

(2) 这本书不是张启明的，是朴诗恩的。

　　_____.

(3) 妈妈既是协会会员，又是我们学校的老师。

　　_____.

(4) 这次考试险些挂科。

　　_____.

➤ **提高练习**

다음 글을 읽고 물음에 답하십시오. (阅读短文回答问题。)

사람들은 부자가 되고 싶어하며 그것이 곧 성공이라고 생각합니다. 그러나 이와 같은 것이 외적인 성공이라고 합니다. 외적인 성공은 잠시 사람을 기쁘게 해 줄 수 있는데 지속적인 행복을 주지는 못합니다. 그보다는 내적인 성공은 (ㄱ) 사람들에게 명실상부한 행복감을 가져올 수 있습니다. 내적인 성공은 사회관계, 평화한 마음, 긍정적인 마인드 등 눈에 잘 보이지 못한 것으로 구성됩니다.

(1) 내적인 성공은 사람들에게 무엇을 가져올 수 있습니까? (　　)

　　① 평화한 마음　　　　　　　　② 즐거움

　　③ 명실상부한 행복감　　　　　④ 성공감

(2) (ㄱ)에 들어갈 알맞은 단어를 고르십시오.

　　① 여전히　　　　② 오히려　　　　③ 아직　　　　④ 아주

(3) 내적인 성공은 무슨 내용을 포함합니까?

　　_____.

(4) 성공에 대해 자신의 이해를 적어 주세요.

　　_____.

주제6 나도 할 수 있어요.
단원연습

1. 알맞은 단어를 골라 빈칸에 쓰십시오. (请选择正确的单词填入括号内。)

> 후회하다　　나누다　　사귀다　　치우다　　평범하다　　포기하다

(1) 열심히 공부하면 (　　　　)지 않을 거야.

(2) 여행을 통해서 친구를 (　　　　).

(3) 어머니께서는 이 케이크를 3조각으로 (　　　　).

(4) 아버지께서는 방을 (　　　　).

(5) 언제든지 자신의 꿈을 (　　　　)지 마세요.

(6) 우리 반 학생은 다 (　　　　) 사람입니다.

2. 다음 글에 알맞은 것을 고르십시오. (请选择合适的答案。)

(1) 그 남자가 매일 옷을 (　　　　) 입는다.

　① 예쁘게　　　　　② 깔끔히　　　　　③ 맑게　　　　　④ 꾸준히

(2) 어머니는 매일 (　　　　) 것이 너무 많아서 기분이 좋지 않아요.

　① 걱정한　　　　　② 행복한　　　　　③ 즐거운　　　　　④ 겸손한

(3) 아버지는 아들의 비만증 문제로 (　　　　).

　① 성실하다　　　　② 자랑스럽다　　　③ 고민하다　　　　④ 근면하다

(4) 나는 설사 심하게 나서 (　　　　) 일어나지 못합니다.

　① 빨리　　　　　　② 여전히　　　　　③ 아직　　　　　　④ 심지어

(5) 사람마다 (　　　　) 의식이 있어야 합니다.

　① 환경보호　　　　② 환경오염　　　　③ 환경문제　　　　④ 환경운동

3. [보기]와 같이 다음 대화를 완성하십시오. (请仿照例句完成下列对话。)

> [보기] 가: 이번 시험의 문제가 어려워요?
>
>   나: 아니요, <u>그리 어렵지 않아요</u>. (그리 -지 않다)

(1) 가: 고향은 여기까지 멀어요?

    나: 아니요, _____. (그리 -지 않다)

(2) 가: 유학생활이 어때요?

    나: _____. (얼마나 -ㄴ/은/는지 모르다)

(3) 가: 직장생활은 많이 _____. (-았/었/였겠-)

    나: 아니요, 힘들지 않아요.

(4) 가: 과일과 야채를 많이 먹으면 _____. (낫다)

    나: 네, 감사합니다.

(5) 가: 한국 사람들은 중국요리를 좋아해요?

    나: 네, 제 한국 친구는 '중국요리를 좋아해요.' _____. (-라고/이라고)

(6) 가: 치밍 씨, 이번 시험 성적이 어때요?

    나: _____. (-ㄹ/을 뻔하다)

4. 아래 문법을 선택하여 문장을 완성하십시오. (请选择所学语法完成下列句子。)

> -랑/이랑   -가/이 아니라   -를/을 통해서
>
> -며/으며   -던   -기는 하지만

(1) 이 남자가 키가 _____ 좀 뚱뚱해요. (크다)

(2) 현대 사람들은 다 _____ 새로운 지식을 배웁니다. (핸드폰)

(3) 여기는 우리가 처음 _____ 곳입니다. (만나다)

(4) 동생의 키가 _____ 비슷합니다. (아버지)

(5) 어머니는 음악을 _____ 요리를 만듭니다. (듣다)

(6) 이 분은 제 _____ 동창입니다. (여자친구)

5. 다음 글을 읽고 물음에 답하십시오. (阅读短文回答问题。)

요즘 많은 중국 여행사는 관광객의 눈길을 끌기 위해서 다양한 테마의 관광코스와 관광상품을 준비했습니다. 그중에 인기가 있는 드라마나 영화 촬영지를 돌아 볼 수 있는 관광코스를 <u>설계하였습니다</u>. 이런 관광코스는 관광객들의 호기심을 만족시킬 뿐만 아니라 그들의 다양한 요구도 만족할 수 있습니다. (ㄱ) 관광객들의 환영을 받았습니다. 예를 들어서 태원(太原)시의 여행사는 영화 <만강홍(滿江紅)>의 촬영지인 태원고성(太原古城)을 중심으로 다양한 관광코스를 설계하였습니다.

(1) (ㄱ) 안에 알맞은 단어를 고르십시오.

① 그런데　　　　　　　　　　② 그렇지만

③ 그래서　　　　　　　　　　④ 그리고

(2) 밑줄 친 부분의 내용을 바꿀 수 있는 것을 고르십시오. (　　　　)

① 고쳤습니다.　　　　　　　② 작성하였습니다.

③ 개발하였습니다.　　　　　④ 완성하였습니다.

(3) 영화 <만강홍(滿江紅)>의 촬영지가 (　　　　)입니다.

① 남경고성　　　② 서안고성　　　③ 평요고성　　　④ 태원고성

(4) 다음 내용 중에 알맞은 것을 고르십시오. (　　　　)

① 요즘 여행사가 개발된 관광코스가 인기가 많습니다.

② 여행사는 개발된 다른 관광코스도 관광객의 호기심을 만족시켰습니다.

③ 여행사는 관광객을 유치하도록 다양한 관광코스를 개발하였습니다.

④ 관광객의 요구가 많지 않습니다.

7-1

> ## 课堂练习

1. 알맞은 단어를 골라 빈칸을 채우십시오. (请选择适合的单词填空。)

(1) 내일 시험이 있는데 너 (　　　　　) 안 해도 돼?

　　① 예습　　　　　　　② 숙제　　　　　　　③ 복습　　　　　　④ 과제

(2) 작년에 한국 영화가 중국에서 (　　　　) 적이 있어요.

　　① 상영된　　　　　　② 시작된　　　　　　③ 출연된　　　　　④ 나온

(3) 공부를 잘 안 해서 이번 기말 시험에 (　　　　　　).

　　① 합격했어요　　　② 졸업했어요　　　③ 잘됐어요　　　④ 불합격했어요

(4) 그는 부모님의 말씀이면 (　　　　) 들어주었습니다.

　　① 무조건　　　　　② 전혀　　　　　　③ 별로　　　　　④ 가끔

(5) 안보 사항은 중요하니까 꼭 (　　　　　).

　　① 잊으십시오　　　② 명심하십시오　　　③ 반대하십시오　　④ 찬성하십시오

2. 본문을 읽고 다음 질문을 답하십시오. (请阅读原文回答下列问题。)

(1) 오늘 저녁에 무슨 영화가 상영됩니까?

_____.

(2) 장치밍 씨가 지난 번에 시험에 합격했습니까?

_____.

(3) 도서관에 왜 사람이 그렇게 많습니까?

_____.

(4) 어떻게 하면 시험 준비를 안 해도 좋은 성적을 받을 수 있습니까?

_____.

(5) 오늘 장치밍 씨가 무엇을 할 겁니까?

_____.

➢ 课后练习

1. 그림을 보고 알맞은 단어를 골라 다음 표를 완성하십시오. (请看图选择正确的单词完成下表。)

> 필기　　　　　수업을 받다　　　　　질문하다　　　　　토론하다
> 답안지　　　　응시하다　　　　　시험에 떨어지다　　　복습하다

[보기] 응시하다			

2. '-아/어/여도 되다'를 사용하여 다음 상황에서 할 수 있는 행위를 써 보십시오. (请用语法 "-아/어/여도 되다" 写出下面情境中可以进行的行为。)

> [보기] 공원 / 사진을 찍다
> 　　　　공원에서 사진을 찍어도 됩니다.

(1) 수업 시간 / 화장실에 가다

　　_____.

(2) 방학 / 늦게 일어나다

　　_____.

(3) 태풍이 오다 / 학교에 안 가다

　　_____.

(4) 시간이 없다 / 택시로 가다

_____.

3. [보기]와 같이 '-나/이나'를 사용하여 다음 대화를 완성하십시오. (请用 "-나/이나" 仿照例句完成下列对话。)

[보기] 가: 왜 이렇게 피곤해 보여요?
　　　 나: 어제 5시간이나 운동했어요. (운동 / 5 시간)

(1) 가: 너 화장실에 여러 번 갔어.

　　 나: 내가 아까 _____. (콜라 3병)

(2) 가: 그 영화가 어때요? 재미있어요?

　　 나: 네, 엄청 재미있어서 _____. (2번)

(3) 가: 미안해요. 많이 기다렸지요?

　　 나: _____. (2시간 반)

(4) 가: 어제 왜 전화를 안 받았어요? 몇 번 했는데요.

　　 나: 일찍 잤어요. _____. (10시간)

4. [보기]와 같이 '-ㄴ/은/는데도'를 사용하여 다음 문장을 완성하십시오. (请用 "-ㄴ/은/는데도" 仿照例句完成下列句子。)

[보기] 어머니가 요리를 잘 만드는데도 먹고 싶지 않아요. (요리 만들다)

(1) 출퇴근 시간에 차가 많이 막혀요. _____ 매일 걸어다녀요. (차 있다)

(2) 요즘 회사일이 많아요. 주말에 _____ 몸이 피곤해요. (쉬다)

(3) 이번 독감이 심해요. _____ 낫지 않아요. (약 먹다)

(4) 시험 문제가 너무 어려웠어요. _____ 불합격을 받았어요. (공부하다)

5. 다음 그림을 보고 '밖에 + 부정'으로 문장을 만드십시오. (请依据下列图片，使用 "밖에 + 부정" 语法造句。)

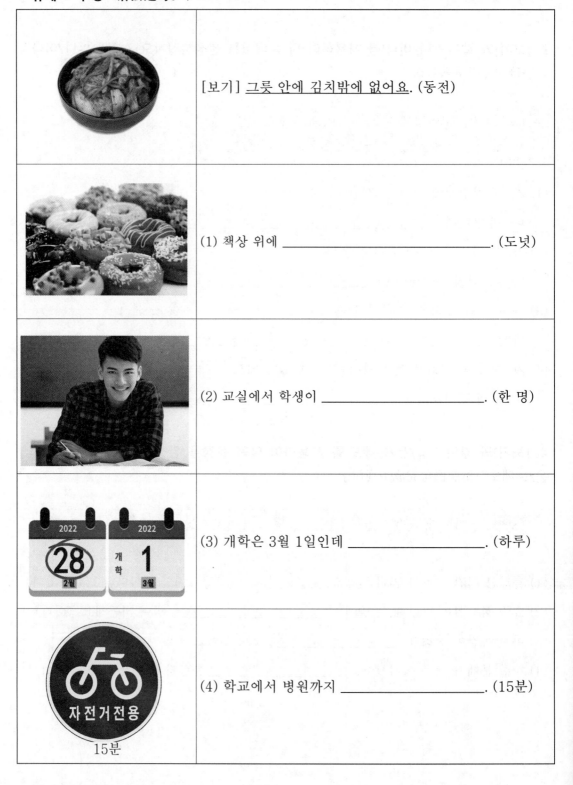

	[보기] <u>그릇 안에 김치밖에 없어요</u>. (동전)
	(1) 책상 위에 _____. (도넛)
	(2) 교실에서 학생이 _____. (한 명)
	(3) 개학은 3월 1일인데 _____. (하루)
	(4) 학교에서 병원까지 _____. (15분)

6. 다음 문장을 한국어로 번역하십시오. (请将下列句子翻译成韩国语。)

(1) 明天交作业也行。

　　_____.

(2) 我上周末看了四本小说。

　　_____.

(3) 尽管跟妈妈学习了怎么做菜，可还是做不好。

　　_____.

(4) 我们班只有男生。

　　_____.

➢ **提高练习**

다음 글을 읽고 물음에 답하십시오. (阅读短文回答问题。)

　　저는 지난 학기에 열심히 공부를 안 해서 두 과목의 시험에 불합격했습니다. 매일 누워서 게임만 해서 살도 많이 찌고 건강 상태도 별로 좋지 않았습니다. 제가 생활방식을 바꿔야 하는 것을 깨달았습니다.

　　그래서 이번 학기에는 공부와 운동에 대해 (ㄱ)고 잘 지키려고 합니다. 매일 단어 10개 정도 외우고 APP로 테스트를 하겠습니다. 매일 반 시간 정도 한국어 뉴스를 보고 듣기를 연습하겠습니다. 그리고 매일 반 시간 정도 달리거나 에어로빅스 등 운동을 하겠습니다.

(1) 이 사람은 무엇을 깨달았습니까?　　　　　　　　　　　　(　　　)

　　① 게임의 중요성　　　　　　　　　② 공부와 운동의 중요성

　　③ 단어 외우기의 중요성　　　　　　④ 듣기 연습의 중요성

(2) (ㄱ)에 들어갈 알맞은 말을 고르십시오.　　　　　　　　(　　　)

　　① 계획을 세우　　② 질문을 하　　③ 기대가 되　　④ 실망이 되

(3) 지난 학기에 모든 과목에 다 합격했습니까?

　　_____.

(4) 이번 학기에 공부에 대해서 뭘 할 겁니까?

　　_____.

➤ 课堂练习

1. 알맞은 단어를 골라 빈칸을 채우십시오. (请选择适合的单词填空。)

(1) 링이 씨 한국어 (   )이 정말 훌륭해요.

    ① 실력   ② 공부   ③ 전공   ④ 노력

(2) 한국 친구와 많이 이야기하면 한국어 말하기에 (   )ㄹ/을 거예요.

    ① 상처가 되다   ② 도움이 되다   ③ 합격이 되다   ④ 긴장이 되다

(3) 난 방학에 베이징에 갈지 상하이에 갈지 (   ) 중이에요.

    ① 공부   ② 토론   ③ 고민   ④ 회의

(4) 요즘 경제 환경이 좋지 않아 (   )를 찾기가 어렵다.

    ① 진학   ② 학교   ③ 창업   ④ 일자리

(5) 저는 이번 방학에 해외 여행을 (   )고 있습니다.

    ① 계획하   ② 결정하   ③ 토론하   ④ 공부하

2. 본문을 읽고 다음 질문을 답하십시오. (请阅读原文回答下列问题。)

(1) 왕링이 씨는 졸업하면 뭘 할 겁니까?

    _____.

(2) 유학하는 것은 무슨 좋은 점이 있습니까?

    _____.

(3) 둘이 같이 다니는 학과 학생들이 취직하기가 어렵습니까?

    _____.

(4) 학과 선배들이 어떤 기업에서 일합니까?

    _____.

(5) 왕링이 씨는 이미 진로에 대해 계획을 세웠습니까?

    _____.

> 课后练习

1. 다음 문제 중에서 다른 세 가지 내용과 주제에 맞지 않는 것을 고르십시오. (请选出下面选项中与其他三项的内容或主题不相符的一项。)

(1) (   )

① 받아쓰기   ② 외우기   ③ 말하기   ④ 필기

(2) (   )

① 수업을 하다   ② 떨어지다   ③ 토론하다   ④ 질문하다

(3) (   )

① 실습   ② 예습   ③ 복습   ④ 학습

(4) (   )

① 수험표   ② 응시하다   ③ 시험장   ④ 수험생

2. 다음 그림을 보고 '-ㄹ/을지 -ㄹ/을지'를 사용하여 문장을 만드십시오. (请参照下图，用 "-ㄹ/을지 -ㄹ/을지" 完成句子。)

		[보기] 친구 결혼식 때 원피스를 입을지 한복을 입을지 아직 결정하지 못했어요.
	BIBIMBAP	(1) 점심에 _____ _____.
		(2) 내일은 _____ _____.

		(3) 점심은 _____ _____ .
		(4) 이번 출장은 _____ _____ .

3. [보기]와 같이 '-ㄹ/을까 하다'로 다음 문장을 바꿔 보십시오. (请用 "-ㄹ/을까 하다" 仿照例句改写下列句子。)

> [보기] 다음 연휴에 소풍을 하러 가고 싶어요.
> <u>다음 연휴에 소풍을 하러 갈까 해요.</u>

(1) 이번 설날은 가족들과 함께 지내고 싶어요.

  _____ .

(2) 내년에 회사 근처로 이사하고 싶어요.

  _____ .

(3) 방학에 봉사활동을 많이 하고 싶어요.

(4) 고등학교를 졸업하면 군대에 가고 싶어요.

  _____ .

4. [보기]와 같이 '-가/이 되다'를 사용하여 문장을 만드십시오. (请用 "-가/이 되다" 仿照例句进行造句。)

> [보기] 졸업을 하다 / 선생님
> <u>졸업을 한 후에 선생님이 되었어요.</u>

(1) 아이를 낳다 / 좋은 엄마

_____.

(2) 춤을 추다 / 무용가

_____.

(3) 어렸을 때 / 어른

_____.

(4) 공부를 잘하다 / 반장

_____.

5. [보기]와 같이 '-아/어/여 있다'로 대화를 완성하십시오. (请参照例句，用语法 "-아/어/여 있다" 完成下列对话。)

> [보기] 가: 실례지만 장 부장님은 어느 분이세요?
>   나: 저기서 앉아 계신 분이에요. (저기서 앉다)

(1) 가: 내 지갑이 못 찾았어. 어디 갔지?

　　나: _____. (책상 위에 놓다)

(2) 가: 배고파요. 엄마 밥 주세요.

　　나: _____ 라면을 먹을래? (안 남다)

(3) 가: 학교 정문 앞에 서 있는 여자가 누군지 알아요?

　　나: _____. (철수 씨 여자친구)

(4) 가: 고시판에 붙어 있는 게 뭐예요?

　　나: _____. (구인광고)

6. 다음 문장을 한국어로 번역하십시오. (请将下列句子翻译成韩国语。)

(1) 我还没决定放暑假是去做兼职还是回家乡。

_____.

(2) 周末我想去商场购物。

_____.

(3) 我想像妈妈一样成为一名好医生。

_____.

(4) 考试时老师一直站在我旁边。

_____

> ## 提高练习

다음 글을 읽고 물음에 답하십시오. (阅读短文回答问题。)

얼마 전에 대학교 3학년이 된 정하연 씨는 졸업 진로 때문에 고민이 많습니다. 한국어를 전공하는 정하연 씨는 대학을 졸업한 후 한국으로 유학을 가서 공부를 더 하고 싶어합니다. 그러나 유학을 하려면 돈이 많이 필요할 텐데, 정하연 씨 집안 형편이 (ㄱ) 좋지 않습니다. 그리고 정하연 씨는 외동딸이라고 부모님의 연세가 많기 때문에 유학 가는 것이 쉽지 않습니다. 부모님이 괜찮다고 했는데 정하연 씨는 고민을 많이 하고 있습니다. 유학을 가려면 빨리 유학 서류 준비를 해야 하고, 취직을 하려면 취직 면접 준비를 해야 합니다. 그런데 결정을 내는 것이 쉽지 않습니다.

(1) 이 사람은 졸업하면 무엇을 하고 싶어합니까?　　　　　　　　　(　　　　)
　　① 회사를 운영합니다.
　　② 한국에 유학을 갑니다.
　　③ 취직을 합니다.
　　④ 공무원 시험을 준비합니다.

(2) (ㄱ)에 들어갈 알맞은 말을 고르십시오.　　　　　　　　　(　　　　)
　　① 별로　　　　　　② 많이　　　　　③ 항상　　　　④ 전혀

(3) 왜 유학을 가기 어렵습니까?

　　_____.

(4) 취직을 하려면 무엇을 해야 합니까?

　　_____.

7-3

> 课堂练习

1. 알맞은 단어를 골라 빈칸을 채우십시오. (请选择适合的单词填空。)

(1) 여름에는 밤은 짧고 낮은 (   ).

　　① 멉니다　　　　② 깁니다　　　　③ 가깝습니다　　④ 깊습니다

(2) 우리는 (   ) 인생 속에서 멋있게 살아야 합니다.

　　① 무한한　　　　② 유한한　　　　③ 멋진　　　　④ 재미없는

(3) 중국 사람들은 '중국몽'을 이루기 위해 (   ) 노력했습니다.

　　① 말없이　　　　② 부담없이　　　　③ 거침없이　　④ 끊임없이

(4) 빨리 취직하고 (   )께 효도해야 하며 살고 싶어요.

　　① 부모님　　　　② 선생님　　　　③ 사장님　　　　④ 선배님

(5) 친구로서 (   ) 데까지 너를 도와줄게요.

　　① 힘닿는　　　　② 필요있는　　　　③ 쓸 수 없는　　④ 필요없는

2. 본문을 읽고 다음 질문을 답하십시오. (请阅读原文回答下列问题。)

(1) 우리의 삶을 어떻게 보내야 합니까?

　　_____.

(2) 어떤 직장을 찾아야 합니까?

　　_____.

(3) 건강을 어떻게 지켜야 합니까?

　　_____.

(4) 왜 부모님께 효도해야 합니까?

　　_____.

(5) 왜 책을 많이 읽어야 합니까?

　　_____.

➤ 课后练习

1. 알맞은 단어를 골라 빈칸에 쓰십시오. (请选择正确的单词填入括号内。)

> 가난하다　절약하다　돈을 벌다　생활비　집세　이사하다

(1) 어려서부터 용돈을 (　　　　　)는 습관을 길러야 해요.

(2) (　　　　　)가/이 너무 올라서 집을 얻기가 어렵습니다.

(3) 어떻게 단시간에 많은 (　　　　　)ㄹ/을 수 있어요?

(4) 다음주에 학교 기숙사로 (　　　　　)ㄹ/을 겁니다.

(5) 그는 (　　　　　) 집안 형편에도 웃음을 잃지 않아요.

(6) 유학 시절 학비와 (　　　　　)을/를 직접 벌어야 합니다.

2. 알맞은 단어를 골라 '-아/어/여 가다'를 사용하여 문장을 완성하십시오. (请选择合适的单词，并使用语法 "-아/어/여 가다" 完成句子。)

> 되다　마르다　변하다　들다

(1) 이 학교에서 한국어를 가르친 지 벌써 10년이 ＿＿＿＿＿＿＿＿.

(2) 꽃은 시간이 갈수록 ＿＿＿＿＿＿＿＿.

(3) 저녁에 하늘은 빨간색으로 ＿＿＿＿＿＿＿고 있습니다.

(4) 나이가 ＿＿＿＿＿＿＿는 것은 피할 수 없는 일입니다.

3. 다음 그림을 보고 '-지 말고'를 사용하여 문장을 만드십시오. (请参照下图，用 "-지 말고" 完成句子。)

[보기] 오늘 우리는 농구를 하지 말고 배드민턴을 칩시다.

		(1) 방학에 _____ _____.
		(2) 도서관에서 _____ _____.
		(3) 저녁에 _____ _____.
		(4) 수업이 끝난 후에 _____ _____.

4. [보기]와 같이 '-아/어/여라'를 사용하여 높임말을 반말로 바꿔 쓰십시오. （请用 "-아/어/여라" 仿照例句将敬语句改写成非敬语句。）

> [보기] 저를 만났다는 얘기를 하지 마십시오.
> 나를 만났다는 얘기를 하지 마라.

(1) 부디 오래오래 행복하게 잘 사세요.

　　_____.

(2) 새해에 소원을 성취하고 복 많이 받으세요.

　　_____.

(3) 제가 업무를 처리하는 동안 앉아서 기다리세요.

　　_____.

(4) 존댓말을 쓰지 말고 그냥 편하게 반말을 쓰십시오.

　　_____.

5. 다음 문장을 한국어로 번역하십시오. （请将下列句子翻译成韩国语。）

(1) 应该向着梦想努力前进。

　　_____.

(2) 不要放弃，再试一次吧。

　　_____.

(3) 老师教学生花了很多心思。

　　_____.

(4) 在家好好听妈妈的话。

　　_____.

> ## 提高练习

다음 글을 읽고 물음에 답하십시오. (阅读短文回答问题。)

> 저의 대학생활이 바쁘지만 재미있습니다. 저는 아르바이트를 하면서 열심히 공부해서 이번 학기에도 장학금을 받았습니다. 좀 힘들었지만 자신의 힘으로 생활비도 벌고 공부도 할 수 있어서 보람을 느꼈습니다.
>
> 지난 달에 저는 전국 한국어 말하기 대회에 나갔습니다. 운이 좋게 일등상을 받았습니다. 상을 받는 것은 모두 우리 학과 선생님들 (ㄱ)입니다. 대회 6개월 전부터 매일 한국어 연습을 시키시며 잘못을 하나하나씩 지적하셨습니다. 저를 위해서 고생을 많이 하셨습니다.
>
> 이번 대회 일등상 상품 중의 하나는 한국 6개월 무료 유학입니다. 그래서 제가 다음 학기에 한국에 가서 유학하게 됐습니다.

(1) 이 사람의 대학생활이 왜 힘듭니까?　　　　　　　　　　　（　　　　）

　① 공부가 어렵습니다.

　② 몸이 불편합니다.

　③ 동창과 사이가 좋지 않습니다.

　④ 아르바이트를 하면서 공부합니다.

(2) (ㄱ)에 들어갈 알맞은 말을 고르십시오.　　　　　　　　（　　　　）

　① 때문　　　　　② 덕분　　　　　③ 탓　　　　　④ 원인

(3) 이 사람은 어떻게 대회를 준비했습니까?

　_____.

(4) 이 사람은 무슨 상을 받았습니까?

　_____.

주제7 밝은 미래를 위하여 미리 계획을 세우자. 단원연습

1. 알맞은 단어를 골라 빈칸에 쓰십시오. (请选择正确的单词填入括号内。)

| 떨어지다 | 수강 | 외우기 | 이사 | 향하다 | 도움 |

(1) 본문은 매우 길어서 (   ) 어렵습니다.

(2) 이번 시험에 성적이 (   ) 아버지한테 혼났습니다.

(3) 이 사전은 번역 시험에 매우 (   ) 됩니다.

(4) 다음주에 수업을 시작하는데 (   ) 신청서 제출하셨나요?

(5) 선수들이 결승선을 (   ) 질주하다.

(6) 집 근처에 매일 너무 시끄러워서 (   )할까 해요.

2. 다음 주제에 관련하는 단어를 골라 쓰십시오. (请选择与下面主题词相关的单词，并写在横线上，答案不唯一。)

| 집세 | 면접 | 가용 | 질문하다 | 취직 | 예습하다 |
| 진학 | 생활비 | 수험표 | 응시하다 | 이사하다 | 취직 경험 |

(1) 수업 : _____, _____

(2) 시험 : _____, _____

(3) 졸업 : _____, _____

(4) 회사 : _____, _____

(5) 요금 : _____, _____

(6) 이사 : _____, _____

3. [보기]와 같이 다음 대화를 완성하십시오. (请仿照例句完成下列对话。)

> [보기] 가: 여기서 쓰레기를 버려도 돼요?
>   나: <u>네, 여기서 버려도 돼요.</u> (-아/어/여도 되다)

(1) 가: 이따가 뭘 먹으러 가요?

　　나: 네, _____. (-나/이나)

(2) 가: 일이 잘 되어 갑니까?

　　나: 네, 요즘 _____. (-아/어/여 가다)

(3) 가: 다음주 연휴에 뭘 할 거예요?

　　나: _____. (-르/을까 하다)

(4) 가: 어렸을 때 꿈이 뭐예요?

　　나: _____. (-가/이 되다)

(5) 가: 오늘 공포 영화를 보는 게 어때요?

　　나: _____. (-지 말고)

(6) 가: 엄마, 제가 도와줄 수 있는 거 없어요?

　　나: _____. (-아/어/여라)

4. [보기]와 같이 두 문장을 한 문장으로 바꾸십시오. (请仿照例句将下列句子合并。)

> [보기] 배가 고픕니다. / 식당에 가서 점심을 먹읍시다. (-는데)
>   <u>배가 고픈데 식당에 가서 점심을 먹읍시다.</u>

(1) 매일 운동했습니다. / 살이 빠지지 않습니다. (-ㄴ/은/는데도)

　　_____.

(2) 매일 열심히 공부했습니다. / 복습을 안 합니다. (-아/어/여도 되다)

　　_____.

(3) 집에서 공항까지 가요.. / 10분을 걸려요. (-밖에 + 부정)

　　_____.

(4) 주말에 등산을 갈까? / 찜질방에 갈까? / 아직 생각 중이다. (-르/을지 -르/을지)

　　_____.

(5) 거기에 앉아요. / 그 여자는 내 여자친구예요. (-아/어/여 있다)

    _____.

(6) 태권도를 배웁니다. / 시간이 많이 듭니다. (-데)

    _____.

5. 다음 글을 읽고 물음에 답하십시오. (阅读短文回答问题。)

> 한국 대학의 수업은 크게 전공 과목과 교양 과목으로 나뉜다. 전공 과목은 또 전공 필수 과목과 전공 선택 과목으로 나뉘며, 교양 과목은 교양 필수 과목과 교양 선택 과목으로 나뉜다. 교양 수업은 보통 대학교 1학년 때부터, 전공 수업은 대학교 2학년 때부터 하는 것이 일반적이다. 전공 필수 과목은 본 전공에서 필수로 이수해야 하는 과정으로 전공 선택 과목은 자신의 흥미에 따라 (ㄱ) 선택할 수 있으며, 다 전공 수강할 수 있다. 교양 수업은 보통 주 1회 2시간씩 한다. 전공 수업은 보통 주 1회 3시간씩, 또는 주 2회 1.5시간씩 한다.

(1) 한국 대학의 수업은 어떻게 나뉩니까?   (   )
    ① 전공 과목과 선택 과목
    ② 전공 과목과 교양 과목
    ③ 필수 과목과 선택 과목
    ④ 필수 과목과 교양 과목

(2) (ㄱ)에 들어갈 알맞은 말을 고르십시오.   (   )
    ① 자유롭게   ② 번거롭게   ③ 쉽게   ④ 흐뭇하게

(3) 교양 수업은 언제 하는 수업입니까?

    _____.

(4) 전공 과목은 다 고정된 과목입니까?

    _____.

8-1

➢ **课堂练习**

1. 알맞은 단어를 골라 빈칸을 채우십시오. (请选择适合的单词填空。)

(1) 오늘 주말이라서 그런지 놀이공원에서 사람이 (　　　　) 많아요.

　　① 전혀　　　　　　② 되게　　　　　　③ 별로　　　　　　④ 항상

(2) 친구야, 오랫만에 우리 (　　　　)처럼 밤새워 이야기하자.

　　① 예전　　　　　　② 이후　　　　　　③ 아까　　　　　　④ 방금

(3) 우리 사장님은 돈이 많지만 매일 간소한 (　　　　)만 입고 다녀요.

　　① 가방　　　　　　② 신발　　　　　　③ 액세서리　　　　④ 복장

(4) 오늘은 출근날인데 너무 (　　　　) 차려입은 거 아니야?

　　① 심하게　　　　　② 간단하게　　　　③ 화려하게　　　　④ 보수적으로

(5) 내가 태어난 날은 (　　　　) 국경절이었어요.

　　① 마침　　　　　　② 다행히　　　　　③ 우연히　　　　　④ 당연히

2. 본문을 읽고 다음 질문을 답하십시오. (请阅读原文回答下列问题。)

(1) 장치밍 씨는 요즘 뭘 하고 있습니까?

　　_____.

(2) 박시은 씨가 경극을 어떻게 생각합니까?

　　_____.

(3) 경극이 어려운데 장치밍 씨는 왜 배웁니까?

　　_____.

(4) 두 사람이 같이 경극을 배울 겁니까?

　　_____.

(5) 두 사람이 언제 어디서 만날 겁니까?

　　_____.

➢ 课后练习

1. 아래 취미 활동과 관련 동사를 정확하게 연결하십시오. (请将兴趣爱好相关词汇和动词连接起来。)

(1) 음악 / 영화   두다

(2) 장기 / 바둑   하다

(3) 낚시 / 등산   감상하다

(4) 피아노 / 바이올린   치다

2. [보기]와 같이 '-느라고'를 사용하여 다음 문장을 완성하십시오. (请仿照例句用语法 "-느라고" 完成下列句子。)

> [보기] 한국어를 공부하느라고 밤을 새웠어요. (한국어 공부하다)

(1) _____ 정신이 하나도 없어요. (공무원 시험하다)

(2) _____ 친구 생일도 못 갔어요. (과제 쌓이다)

(3) _____ 잠도 잘 못 잤어요. (아이 돌보다)

(4) _____ 숙제를 안 했어요. (게임하다)

3. 알맞은 문장을 골라서 대화를 완성하십시오. (请选择正确的句子，完成下列对话。)

> 아주 덥겠군요.   아주 피곤하겠군요.
>
> 많이 아팠겠군요.   재미있겠군요.

(1) 가: 저는 요즘 잠수를 배우고 있어요.

    나: _____.

(2) 가: 이번 주말에 기온이 40도가 될 거예요.

    나: _____.

(3) 가: 민수 씨가 어제 체육대회 때 심하게 다쳤어요.

    나: _____.

(4) 가: 내가 어제 학교 근처에 이사했어요. 하루 종일 짐만 정리했어요.

    나: _____.

4. [보기]와 같이 '-기는요'를 사용하여 다음 대화를 완성하십시오. (请用语法 "-기는요" 仿照例句完成下列对话。)

[보기] 가: 아드님이 공부를 잘하는군요.
　　　나: _____. 놀기만 해서 걱정이에요.

(1) 가: 요리 솜씨가 참 잘하시는군요.
　　나: _____. 마음에 드시면 많이 드세요.
(2) 가: 그 영화가 재미있어요.
　　나: _____. 너무 심심해서 제가 잠 들 뻔했어요.
(3) 가: 이번에 참 고마웠어요.
　　나: _____. 저도 도움을 많이 받았어요.
(4) 가: 이 가방이 예쁘고 좋네요.
　　나: _____. 휴대폰도 못 넣어요.

5. [보기]와 같이 '-쯤'을 사용하여 질문을 대답하십시오. (请用 "-쯤" 仿照例句回答下列问题。)

[보기] 가: 평일에 몇 시에 일어나요?
　　　나: 매일 6시 반쯤에 일어나요. (6시 반)

(1) 가: 언제 여행을 가려고요?
　　나: _____. (5월)
(2) 가: 한국으로 소포를 보내려면 시간이 얼마나 걸려요?
　　나: _____. (3일)
(3) 가: 오빠가 언제 출장 돌아와요?
　　나: _____. (주말)
(4) 가: 우리 내일 몇 시에 만날까요?
　　나: _____. (오후 2시)

6. 다음 문장을 한국어로 번역하십시오. (请将下列句子翻译成韩国语。)
(1) 因为打游戏，所以熬夜了。

　　_____.

(2) 哥哥昨天去看了那部电影。应该很有意思吧。

　　　＿＿＿＿＿＿＿＿＿＿＿＿＿＿＿＿＿＿＿＿＿．

(3) 谢什么谢呀。这是我应该做的。

　　　＿＿＿＿＿＿＿＿＿＿＿＿＿＿＿＿＿＿＿＿＿．

(4) 你大概什么时候回家？

　　　＿＿＿＿＿＿＿＿＿＿＿＿＿＿＿＿＿＿＿＿＿．

➤ **提高练习**

다음 글을 읽고 물음에 답하십시오. (阅读短文回答问题。)

> 　제 취미는 영화 감상입니다. 저는 다양한 장르의 영화를 좋아하지만 그 중에서 애니메이션 영화와 판타지 영화를 제일 좋아합니다. 저는 친구들과 한 일주일에 한두 번씩 영화를 보러 갑니다. 영화를 보고 나서 우리들은 그 영화에 대한 감상을 서로 나눕니다. 이번 주말에는 친구들과 새로 (ㄱ) 영화인 '나의 이름'을 보러 가기로 했습니다. 이 영화는 제가 좋아하는 애니메이션 영화여서 아주 기대가 됩니다. 제 친구들은 소설을 읽거나 에어로빅 등 여러 가지 취미 생활을 하지만 저는 영화 감상이 제일 좋습니다.

(1) 이 사람은 좋아하는 영화 장르가 무엇입니까?　　　　　　(　　　)

　① 코미디 영화와 액션 영화

　② 액션 영화와 애니메이션 영화

　③ 공포 영화와 코미디 영화

　④ 판타지 영화와 애니메이션 영화

(2) (ㄱ)에 들어갈 알맞은 말을 고르시오.　　　　　　(　　　)

　① 개봉한　　　　　② 방송된　　　　　③ 출연된　　　　④ 만든

(3) 이 사람은 자주 영화를 봅니까?

　　　＿＿＿＿＿＿＿＿＿＿＿＿＿＿＿＿＿＿＿＿＿．

(4) 친구의 취미는 다 무엇입니까?

　　　＿＿＿＿＿＿＿＿＿＿＿＿＿＿＿＿＿＿＿＿＿．

8-2

> 课堂练习

1. 알맞은 단어를 골라 빈칸을 채우십시오. (请选择适合的单词填空。)

(1) 고향을 떠난 지 10년이 되도록 한 번도 (   ) 적이 없습니다.

    ① 돌아간　　　　　② 내려간　　　　　③ 들어간　　　　　④ 올라간

(2) 이 책은 교양을 높이는 데 아주 (   )가 있습니다.

    ① 값　　　　　　　② 가치　　　　　　③ 필요　　　　　　④ 가격

(3) 말은 안 했지만 (   ) 나는 그 사람을 얼마나 사랑하는지 몰라.

    ① 진실　　　　　　② 실제　　　　　　③ 사실　　　　　　④ 거짓말로

(4) 마라톤대회 때문에 오늘 교통 상황이 엄청 (   ).

    ① 시끄럽습니다　　② 짜증납니다　　　③ 순조롭습니다　　④ 복잡합니다

(5) 이번 사고는 제가 (   )겠습니다.

    ① 책임지　　　　　② 인정하　　　　　③ 실수하　　　　　④ 도전하

2. 본문을 읽고 다음 질문을 답하십시오. (请阅读原文回答下列问题。)

(1) 왕링이 씨는 주말에 무엇을 했습니까?

    _____.

(2) 박시은 씨는 다음 주에 집에 돌아갑니까?

    _____.

(3) 다음 주에 무슨 중요한 일이 있습니까?

    _____.

(4) 왕링이 씨 꿈이 무엇입니까?

    _____.

(5) 어떻게 하면 가치 있는 사람이 될 수 있습니까?

    _____.

➤ 课后练习

1. 다음 설명에 맞는 직업을 고르십시오. (请选出符合下面解释的职业名称。)

(1) 외국에 대하여 국가를 대표하는 국가의 원수   (   )

    ① 공무원   ② 회사원   ③ 대통령   ④ 번역가

(2) 농사짓는 일을 직업으로 하는 사람   (   )

    ① 화가   ② 농민   ③ 상인   ④ 음악가

(3) 음악을 전문으로 하는 사람. 이에는 작곡가, 지휘자, 연주가, 성악가 등이 있다.

                                                     (   )

    ① 음악가   ② 번역가   ③ 화가   ④ 의사

(4) 장사를 직업으로 하는 사람   (   )

    ① 상인   ② 회사원   ③ 자유직업자   ④ 공무원

2. [보기]와 같이 '-자고 하다'를 사용하여 다음 문장을 간접인용으로 바꿔 쓰십시오. (请用语法 "-자고 하다" 仿照例句将下列句子改写成间接引语。)

> [보기] 링이 씨: '다음 연휴에 등산을 하러 갑시다.'
> <u>링이 씨가 다음 연휴에 등산을 하러 가자고 합니다.</u>

(1) 링이 씨: '수업이 끝난 후에 같이 운동하자.'

    _____.

(2) 시은 씨: '다음에 동아리 활동에 같이 갑시다.'

    _____.

(3) 치밍 씨: '이번 부산 출장은 기차로 갑시다.'

    _____.

(4) 유미나 씨: '비가 오는데도 소풍을 가자.'

    _____.

3. [보기]와 같이 '-라고/(으)라고 하다'를 사용하여 질문에 답하십시오. (请用 "-라고/으라고 하다" 仿照例句完成对话。)

> [보기] 가: 방금 엄마가 전화로 뭐라고 했어요?
> 나: <u>맛있는 걸 해줘서 일찍 집에 가라고 하셨어요.</u> (일찍 집에 가다)

(1) 가: 아까 선생님은 무슨 말씀을 하셨어요?

　　나: _____. (교실을 깨끗이 청소하다)

(2) 가: 미나 씨가 그렇게 울었는데. 남자친구가 뭐라고 했어?

　　나: _____. (다시 만나지 말다)

(3) 가: 어제 부장님은 무슨 말씀을 하셨어요?

　　나: _____. (그일을 오늘까지 완성하다)

(4) 가: 아까 뭘 말했어요? 내가 음악을 들어서 못 들었어요.

　　나: _____. (같이 도서관에 가다)

4. 다음 그림을 보고 '-ㄹ/을까 말까'를 사용하여 문장을 만드십시오. (请参照下图用语法 "-ㄹ/을까 말까" 完成句子。)

	[보기] 내일 쇼핑을 하러 갈까 말까 생각 중이에요.
	(1) _____ 생각하고 있어요.
	(2) _____ 망설이고 있어요.
	(3) _____ 망설이고 있어요.

书店	(4) _____ 고민 중이에요.

5. [보기]와 같이 '-아/어/여 보니까'를 사용하여 다음 대화를 완성하십시오. (请用语法 "-아/어/여 보니까" 仿照例句完成下列对话。)

> [보기] 가: 링이 씨, 제주도에 갔다왔어요? 어때요?
> 　　　나: 제주도에 가 보니까 정말 아름다웠어요.

(1) 가: 그 배우를 만났어요? 좋은 분이죠?

　　나: _____ 왜 사람들이 그 배우를 좋아하는지를 알겠어요.

(2) 가: 어제 도자기를 만들어 봤다고요?

　　나: 네, _____ 생각보다 쉬웠어요.

(3) 가: 아까 먹은 해물찜이 어때요?

　　나: _____ 아주 신선하고 맛있어요.

(4) 가: 지난 주말에 아르바이트를 했어요?

　　나: 네, _____ 좀 피곤하지만 재미있었어요.

6. 다음 문장을 한국어로 번역하십시오. （ 请将下列句子翻译成韩国语。 ）

(1) 朋友说周末一起打篮球。

　　_____.

(2) 张老师让去一趟办公室。

　　_____.

(3) 我还在考虑要不要参加公务员考试。

　　_____.

(4) 我试着做菜，发现并不难。

　　_____.

> ## 提高练习

다음 글을 읽고 물음에 답하십시오. (阅读短文回答问题。)

저는 해남성 한 작은 어촌에서 태어났습니다. 우리 마을은 바다와 가까워서 저는 자주 바다에서 수영했습니다. 어려서부터 제 꿈은 바다를 건너 바깥 세상을 보는 것입니다.

저는 세계의 다른 나라 이야기를 (ㄱ) 책과 동영상을 많이 봤습니다. 그리고 책과 동영상에서 나온 나라들을 모두 여행하고 싶었습니다. 고등학교 때부터 아르바이트를 해서 모은 돈으로 여행을 할 수 있었습니다. 저는 눈이 많이 오고 스키를 탈 수 있는 나라와 사계절이 봄과 같고 꽃이 계속 피는 나라 등 세계 여러 곳을 여행가고 싶습니다. 다른 나라에 가면 날씨도 다르고 문화도 다르기 때문에 여행은 더 재미있겠습니다. 지금은 돈을 충분히 모았습니다. 세계 어디든지 갈 수 있습니다.

(1) 이 사람은 어디서 태어났습니까? (   )

　① 대만성 한 작은 마을

　② 해남성 한 작은 어촌

　③ 상하이 같은 큰 도시

　④ 홍콩 한 마을

(2) (ㄱ)에 들어갈 알맞은 말을 고르시오. (   )

　① 알고 싶어서　　　② 알고 싶지만　　　③ 알았더라도　　　④ 아는데

(3) 이 사람은 어디에 가고 싶어합니까?

　――――――――――――――――――.

(4) 이 사람은 여행 준비를 다 했습니까?

　――――――――――――――――――.

8-3

➢ 课堂练习

1. 알맞은 단어를 골라 빈칸을 채우십시오. (请选择适合的单词填空。)

(1) 물은 높은 데서 낮은 데로 (   ).

　　① 흐립니다　　　　② 흐릅니다　　　　③ 지나갑니다　　　④ 떨어집니다

(2) (   ) 거 있으면 언제든지 말해 보세요.

　　① 가진　　　　　② 원하는　　　　　③ 소용있는　　　　④ 소용없는

(3) 요즘 회사 일 때문에 좀 바빠서 (   ) 친구와 같이 영화를 봐요.

　　① 가끔　　　　　② 자주　　　　　　③ 항상　　　　　　④ 전혀

(4) 그는 (   ) 맛을 좋아해서 자주 케이크를 사 먹습니다.

　　① 매콤한　　　　② 신　　　　　　　③ 쓴　　　　　　　④ 달콤한

(5) 법정에서 패소해서 모든 노력이 (   ) 돌아갔어요.

　　① 헛되게　　　　② 쓸모없이　　　　③ 쓸모있게　　　　④ 헛되지 않게

2. 본문을 읽고 다음 질문을 답하십시오. (请阅读原文回答下列问题。)

(1) 사람들은 늘 물을 무엇에 비유합니까?

　　_____.

(2) 이 사람은 원하는 것은 무엇입니까?

　　_____.

(3) 이 사람은 10년 후에 과거를 돌이켜 보면 후회할 겁니까?

　　_____.

(4) 지금부터 무엇을 해야 합니까?

　　_____.

(5) 지금 쌓인 경험들이 우리에게 뭘 알려 줄 수 있습니까?

　　_____.

> 课后练习

1. 알맞은 단어를 골라 빈칸에 쓰십시오. (请选择正确的单词填入括号内。)

	아내	쌍둥이	결혼	행복하다

(1) 연애: 사랑하다, _____

(2) 혼인: _____, 이혼

(3) 배우자: 남편, _____

(4) 자녀: _____, 딸

2. 다음 그림을 보고 '-와/과 같이'를 사용하며 문장을 만드십시오. (请参照下图，用语法 "-와/과 같이" 完成句子。)

	[보기] 눈사람의 피부는 눈과 같이 하얘요. (하얗다)
	(1) 아버지의 마음은 _____. (바다/넓다)
	(2) 너무 더워서 _____. (땀 비/흐르다)
	(3) 운동장에서 _____. (쏜살/달려가다)

(4) 우리 선생님은 _____. (어머니/잘해 주다)

3. 알맞은 단어를 골라 '-아/어/여 오다'를 사용하여 문장을 완성하십시오. (请挑选合适的单词并使用语法 "-아/어/여 오다" 完成句子。)

> 마시다   일하다   사귀다   살다

(1) 어렸을 때부터 매일 우유를 _____.

(2) 20년 간 _____ 집을 팔아 버렸어요.

(3) 몇 년 간 _____ 직장을 그만뒀어요.

(4) 오랫동안 _____ 여자와 결혼했어요.

4. '-아야/어야/여야만 하다'를 사용하여 다음 내용으로 문장을 만드십시오. (请用 "-아야/어야/여야만 하다" 把下面的内容连成一句话。)

> [보기] 숙제가 많다 / 숙제를 하다
>   숙제가 많아서 숙제를 해야만 해요.

(1) 우산이 없다 / 비를 맞다

　　_____.

(2) 위장이 안 좋다 / 밥을 제때 먹다

　　_____.

(3) 시간이 없다 / 밤을 새우다

　　_____.

(4) 시험이 있다 / 열심히 공부하다

　　_____.

5. [보기]와 같이 '-지 않으면 안 되다'로 다음 문장을 바꿔 쓰십시오. (请用 "-지 않으면 안 되다" 仿照例句改写下列句子。)

> [보기] 약을 꼭 제시간에 먹어야 합니다.
>
>   약을 제시간에 먹지 않으면 안 됩니다.

(1) 열이 있을 때는 병원에 가야 합니다.

_____.

(2) 한국어능력시험을 꼭 봐야 합니다.

_____.

(3) 내일 수업이 있어서 일찍 자야 합니다.

_____.

(4) 건강을 유지하려면 계속 운동해야 합니다.

_____.

6. 다음 문장을 한국어로 번역하십시오. (请将下列句子翻译成韩国语。)

(1) 时光如流水。

_____.

(2) 这是我交往了10年的朋友。

_____.

(3) 没有公交车，只能打出租车了。

_____.

(4) 早上必须吃早饭。

_____.

➤ 提高练习

다음 글을 읽고 물음에 답하십시오. (阅读短文回答问题。)

중국은 지난 20년 간 많이 변했습니다. 중국의 GDP 세계 점유율은 2001년 4%에서 2020년 17.4%로 성장했습니다. 중국은 전면적으로 샤오캉 사회를 건설했습니다. 많은 가정이 승용차를 샀습니다. 전국 대부분의 사람들이 의료보험에 들었습니다. 국민의 생활 수준이 나날이 향상됩니다. 각 산업의 디지털 전환에 따라 많은 산업이 점차 (ㄱ)고 있습니다. 새로운 업종도 많이 생겨나고 있습니다. 평생 직장의 개념도 사라지고 있습니다. 우리 중국 사람들은 새로운 시대의 발전에 적응하기 위해서는 끊임없이 새로운 지식과 기술을 배워야 합니다. 중국의 '두 개의 백년' 분투 목표를 위하여 더 힘차게 나아가겠습니다.

(1) 이 문장의 중심 사상은 무엇입니까?　　　　　　　　　　　(　　)

　　① 중국의 '두 개의 백년' 분투 목표

　　② 중국 과거 20년 간의 변화

　　③ 중국 앞으로 20년의 설계 계획

　　④ 중국 국민의 생활 수준

(2) (ㄱ)에 들어갈 알맞은 말을 고르십시오.　　　　　　　　　(　　)

　　① 나타나　　　　　② 생기　　　　　③ 건설하　　　　④ 사라지

(3) 이제 중국 사람의 생활 수준이 어떻습니까?

　　_____.

(4) 왜 앞으로 계속 공부해야 합니까?

　　_____.

주제8 보람 있는 삶 단원연습

1. 그림을 보고 알맞은 단어를 골라 다음 표를 완성하십시오. (请看图选择正确的单词完成下表)

운전 사랑 악기 결혼 장기 자녀

[보기] 장기		

2. 다음 문제 중에서 다른 세 가지 내용과 주제에 맞지 않는 것을 고르십시오. (请选出下面选项中与其他三项主题不相符的一项。)

(1) (　　　　　)

① 바둑　　　　② 체스　　　　③ 장기　　　　④ 그림

(2) (　　　　　)

① 피아노　　　② 테니스　　　③ 바이올린　　④ 드럼

(3) (　　　　　)

① 골프 　　　　　② 낚시 　　　　　③ 등산 　　　　　④ 독서

(4) (　　　　　)

① 농구 　　　　　② 축구 　　　　　③ 당구 　　　　　④ 배구

(5) (　　　　　)

① 음악가 　　　　② 연구원 　　　　③ 화가 　　　　　④ 가수

(6) (　　　　　)

① 회사원 　　　　② 경찰 　　　　　③ 회장 　　　　　④ 사장

3. [보기]와 같이 다음 대화를 완성하십시오. (请仿照例句完成下列对话。)

> [보기] 가: 여기서 쓰레기를 버려도 돼요?
>
> 나: <u>네, 여기서 버려도 돼요</u>. (-아/어/여도 되다)

(1) 가: 왜 이렇게 피곤해 보여요?

나: _____. (-느라고)

(2) 가: 다음주 설날에 가족들과 함께 해남에 갈게요.

나: _____. (-겠군요)

(3) 가: 그림을 참 잘 그리는군요.

나: _____. 아직 배울 것이 많아요. (-기는요)

(4) 가: 매일 몇 시간쯤 자요?

나: _____. (-쯤)

(5) 가: 이 김치찌개 어때요?

나: _____. (-아/어/여 보니까)

(6) 가: 그동안 어떤 일을 해 왔어요?

나: _____. (-아/어/여 오다)

4. [보기]와 같이 문법을 사용하여 다음 문장을 바꿔 쓰십시오. (请仿照例句，使用语法改写下列句子。)

> [보기] 다음 연휴에 소풍을 하러 가고 싶어요.
>
> <u>다음 연휴에 소풍을 하러 갈까 해요</u>. (-ㄹ/을까 하다)

(1) 주말에 집에 갈까요? 안 갈까요? 아직 생각 중이에요.

_____. (-ㄹ/을까 말까)

(2) 시은 씨: '이따가 같이 마트에 가서 간식을 삽시다.'

_____. (-자고 하다)

(3) 언니: '빨리 밥 먹고 설거지 해라.'

_____. (-라고/으라고 하다)

(4) 장미꽃이 피처럼 빨개요.

_____. (-와/과 같이)

(5) 오늘 도서관에서 시험 준비만 할 수 있어요.

_____. (-아야/어야/여야만 하다)

(6) 식사 전에 손을 씻어야 합니다.

_____. (-지 않으면 안 되다)

5. 다음 글을 읽고 물음에 답하십시오. （阅读短文回答问题。）

인간은 꿈 때문에 위대하다는 말이 있습니다. 베토벤은 음악가가 되기 위해 매일 피아노를 연습한 끝에 세상에 이름을 알렸고, 안데르센은 남의 비웃음을 두려워하지 않고 꿈을 이루기 위해 노력했고 어린 아이들이 다 좋아하는 문학가가 되었습니다. 사람들은 꿈을 위해 노력합니다. 꿈도 삶의 중심이 되었습니다.

모든 아이들은 어릴 때부터 자신만의 꿈을 가지고 있습니다. 어떤 아이는 커서 의사가 되고 싶습니다. 어떤 아이는 커서 과학자가 되고 싶습니다. 그리고 또 어떤 아이는 커서 비행기 조종사가 되고 싶습니다. 꿈은 모든 사람이 가져야 할 것입니다. 그것은 우리 생활의 원동력입니다. 꿈을 가지면 나아갈 방향이 잡힙니다. 꿈을 실현하는 과정에서 많은 어려움을 겪을 것입니다. '고생을 감수하고, 끈기 있고, (ㄱ) 있다'는 것을 해야만 가시덤불을 헤치고 최후의 승자가 될 수 있습니다.

(1) 이 글의 중심 사상이 무엇입니까?　　　　　　　　　　　　　　　（　　　）

① 인간은 꿈 때문에 위대합니다.

② 꿈을 가져야 합니다.

③ 꿈을 위해서 어려움을 겪어야 합니다.

④ 꿈은 삶의 중심입니다.

(2) (ㄱ)에 들어갈 알맞은 말을 고르십시오.　　　　　　　　　　　(　　　　)

　　① 자신감　　　　　② 패배감　　　　　③ 좌절감　　　　④ 고독감

(3) 왜 꿈을 꼭 가져야 합니까?

　　_____.

(4) 어떻게 하면 꿈을 이룰 수 있습니까?

　　_____.